新营销+新媒体系列

Micro-video Operation & Marketing

微视频运营与营销

低成本获取海量用户的营销新玩法

陈彦宏（微视频媒体推手）◎著

中国经济出版社
CHINA ECONOMIC PUBLISHING HOUSE
北 京

图书在版编目（CIP）数据

微视频运营与营销：低成本获取海量用户的营销新玩法/陈彦宏著.
—北京：中国经济出版社，2018.10
ISBN 978-7-5136-5185-1
Ⅰ.①微… Ⅱ.①陈… Ⅲ.①视频—营销 Ⅳ.①F713.3
中国版本图书馆 CIP 数据核字（2018）第 089121 号

责任编辑　牛慧珍
责任印制　马小宾
封面设计　久品轩工作室

出版发行　中国经济出版社
印 刷 者　北京富泰印刷有限责任公司
经 销 者　各地新华书店
开　　本　710mm×1000mm　1/16
印　　张　16.5
字　　数　235 千字
版　　次　2018 年 10 月第 1 版
印　　次　2018 年 10 月第 1 次
定　　价　58.00 元
广告经营许可证　京西工商广字第 8179 号

中国经济出版社 **网址** www.economyph.com **社址** 北京市西城区百万庄北街 3 号 **邮编** 100037

前言

身为营销行业的“老司机”，我确实可以说“小有成就”。在我曾经服务过的企业中，有 2 家企业实现了销售额破亿，5 家企业销售额突破 5000 万元大关，还有十几家企业改头换面实现了质的飞跃。作为一名营销老师，我深深地知道这些并非我的功劳，而是企业家和企业团队共同努力的结果。我曾经亲眼见证了在库房里因为订单量的激增，员工们超负荷工作，甚至连保洁阿姨都被拉来打包货物的情景。而我只不过为他们提供了一些营销建议和策略而已，其中就包括做各种各样微视频的建议。

身为一个媒体推手，我非常清楚微视频对企业和品牌推广营销的重要性。根据相关调查显示，截至 2017 年，有 80% 以上的网络流量来自微视频，而看完微视频的用户会通过微视频的链接看到商家的店铺、网站等，大大提升了购买率。微视频的宣传效果是传统营销方式的 6 倍。

身为一名微视频营销讲师，不管是在课堂上面对学生，还是在工作中面对客户，我无数次地强调在视频移动化、文字视频化的趋势推动下，微视频营销正在成为新的营销风口。庆幸的是，很多学员通过学习掌握微视频营销，确实获得了不错的回报。

2016 年，微视频进入爆发期，整个行业飞速向前发展。从 papi 酱获得千万融资，到今日头条斥资十亿元培养内容创作者，从微博与一下科技的完美联姻，到微信推出十秒视频功能……种种迹象都表明，你再不跟上微视频的脚步，就要彻底被时代 out 了。

进入 2017 年，微视频已经成为一种现象级产品，不仅获得资本青睐，也成为年轻、时尚的象征。由于其可以牢牢抓住用户的碎片化时间，表现形式丰富，场景多元化，俨然已成为年轻人重要的“娱乐佐餐”。在这样的趋势下，企业、品牌和商家要想捕获年轻用户，就要先玩转微视频营销。

创作本书的目的

事实上，如今我们每个人都会与“微视频”相遇。例如，清晨的新闻短报，午休时的轻松一刻，下班路上“抖音”的幽默八卦，微视频无处不在。但是说到微视频营销，大多数人都有点束手无策，因为大多数人的思维还没有转变过来。

虽然微视频营销已经成为市场大趋势，但是目前并没有一本系统介绍微视频营销的书籍，关于微视频营销的参考数据更是少之又少。作为一名微视频营销专家，我觉得有必要写一本关于“微视频营销”的书。当然，作为“第一个吃螃蟹”的人，本书一定会有不完善之处，希望大家多多指正。

本书的内容

本书首先做了一个概念的统一，即“微视频”，因为我认为这是“微博”“微信”之后的延续叫法。市面上也有“短视频”“小视频”等叫法，本书统一称为“微视频”。其次，本书重点分析了微视频运营和营销的步骤、操作方法，并以电商行业为主体，做了细致深入的案例剖析。

书中出现的案例都是时下最新最热的焦点，我以最快的速度为大家解读热点营销事件。

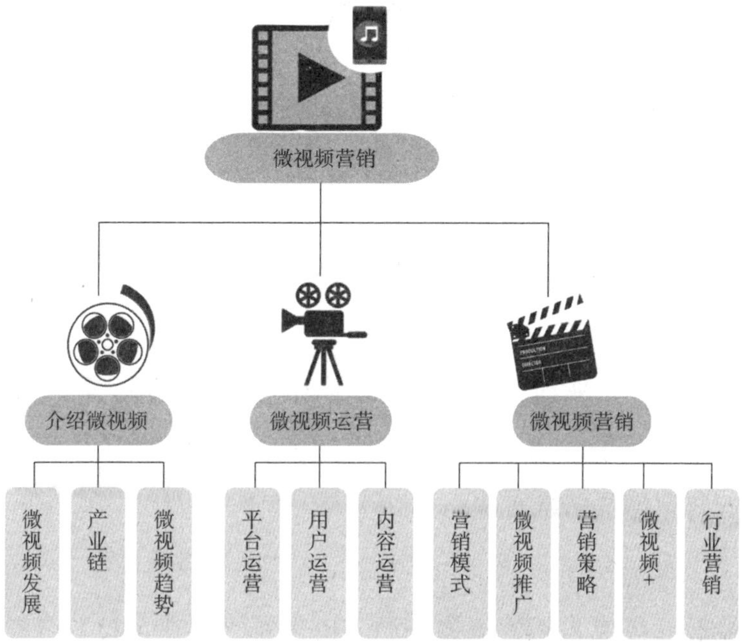

图 本书的内容框架

读者对象

本书适合对微视频感兴趣的人阅读，如微视频行业从业者、企业营销人员、想要做内容创业的人、看好微视频行业的投资人、相关行业的从业人员以及营销、电商专业的学生等。只要你对微视频行业有好奇心，我相信这本书一定会对你有所帮助。

我希望：传统零售业，借由本书倡导的微视频运营模式，找到符合自己的营销方式；已投身微视频营销的网红们，通过学习微视频营销的案例，走向人生更大的舞台；电商卖家，借由本书讲述的微视频营销策略，玩转微视频营销，让商品更符合消费者的需求，走出营销困境并成功转型。

同仁推荐

本书的出版，首先感谢肖静、李卓建、陈冠雪、高文伟、肖艳红、赵新梅、陈云儿、小丹、全奎艳、龚晓玲的大力支持；其次感谢徐东遥、老壹、十年耕耘、杜永光、老汤、张曦尹、李芳芳、娜姐、欧牧城的鼎力推荐。你们的推荐和支持，是我继续在微视频营销领域耕耘的动力。

移动互联网创业时代，从微博，到微信，到直播，再到现在风靡全球的微视频，每一次变革都是一次机会，陈彦宏老师的这本书，值得每一位创业伙伴认真研读。

——微商教育第一人　徐东遥

微视频已经成为新的流量来源，也是新的创业风口。彦宏老师的《微视频运营与营销》为创业者和营销人点亮了一盏灯。

——精壹门创始人、畅销书《引爆微信群》作者　老壹

陈彦宏老师在视频营销领域非常地专注，他把自己多年的经验毫无保留地分享出来，这本书值得你看。

——耕耘会创始人　十年耕耘

视频营销是未来最厉害的营销模式，没有之一！陈彦宏老师的这本书你一定要看。

——微哥　杜永光

微视频正是当下的风口，本书深入浅出，全方位地说明，不论是个人还是品牌方，都可以迅速地找到红利切入点，是值得推荐的好书。

——瘾疯潮平台创始人　老汤

视频营销，在当下各行各业发展中都发挥着重要作用。陈彦宏，从自身点滴积累，琢磨出独具特色且实用的营销策略，辅助团队创造千万价值，值得推荐。

——金丝玉帛公司合伙人　张曦尹

用视频打动你的人群，用视频运营你的朋友圈，2018 年，如果你还不知道微视频的魅力，这本《微视频运营与营销》值得你购买学习。

——超越战队 No1　李芳芳

视频营销，直观性强。攻心文案再好再颠覆人心毕竟需要消费者去想象，而震撼的视频不需要消费者去想象就可以震撼人心。陈彦宏老师的这本书，推荐给大家，值得每一个创业伙伴学习。

——红领巾战队视频学院创始人　娜姐

陈总，是我见过的，微营销领域做视频营销最专业的一个，在视频领域最懂微营销的一位导师。

——欧牧城

目录

Part 1 观念篇

Part 2 运营篇

PART 1

观念篇

第 1 章　微视频为什么能这么火

近几年，资本圈最热门的关键词，除了新零售就是微视频。始于 2011 年的微视频，直到 2016 年 papi 酱火遍大江南北后，才真正形成燎原之势。2017 年，微视频行业大战风云再起，盛况空前，风头无二。资本巨鳄密集进场，各大平台掀起亿级补贴大战，众多微视频创业者纷纷进入……这一切，都不禁让人迷惑：微视频，为什么它能这么火？

1.1　抖音微视频，为何能"霸屏"朋友圈

仿佛在一夜之间，抖音火遍大江南北。无论是朋友圈还是奶茶店，抖音的身影无处不在。甚至，如今你去海底捞吃个饭，服务员都会问你，要不要抖音火锅。在苹果应用商店里，抖音已连续霸榜一个季度。

抖音不仅捧红了自己，还带火了一大批好听的歌曲，如《Panama》《爱的就是你》，甚至连林俊杰的十年老哥《醉赤壁》都重新被大众所追捧。

你以为抖音只是在你周围、在中国很火吗？那你就错了。如今，抖音的

强大影响力早已传遍东南亚国家，正以星火燎原之势席卷世界。我们来看一下抖音在泰国和日本的排行情况：

图 1-1　抖音 APP 在泰国和日本的排行情况

通过上图，我们可以看到，无论是泰国还是日本，抖音皆已在苹果应用商店里位列榜首。事实上，抖音目前的业务已经遍布南亚、日韩、北美、欧洲、拉美等全球各地，甚至在很多地区的受欢迎程度已经远超 YouTube 以及 Instagram 等软件。

下面我们再来通过一组数据感受一下抖音的魅力。

图 1-2 是极光大数据监测到的抖音视频的市场渗透率情况。监测结果显示，从 2017 年 9 月到 2018 年 2 月抖音视频的市场渗透率已高达 14.34%。也就是说，市面上每 100 台手机中，就有超过 14 台安装了抖音 APP。

说到这里，我们不禁要思考：抖音视频的独特魅力究竟在哪？它凭什么可以“霸屏”朋友圈？

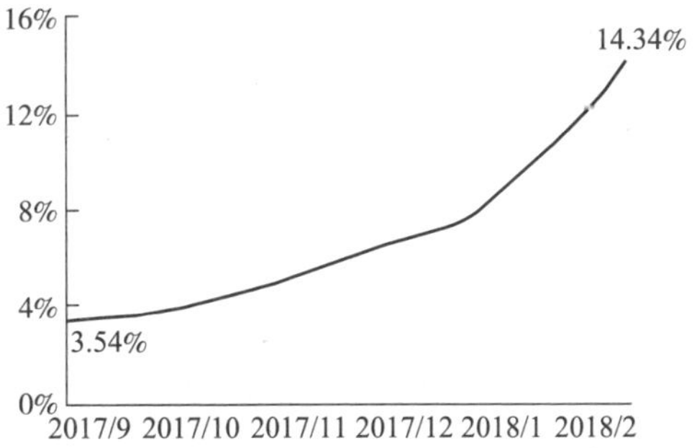

图1－2 抖音的渗透率

数据来源：极光大数据。

什么是抖音

抖音是一款音乐创意微视频 APP，它于 2016 年 9 月正式推出。它是一款与小咖秀类似的对嘴型恶搞 APP，在这款 APP 上，用户可以随意拍摄 15 秒的微视频，并选择喜欢的歌曲，做成微视频，形成自己的作品。虽然它在功能方面和之前风靡一时的小咖秀非常相似，但抖音在技术层面做了更多调整，功能更丰富，在使用过程中，用户可以自己控制视频拍摄的快慢速度，并可以对视频进行剪辑、加特效（反复、闪一下、慢镜头）等。

抖音“霸屏”朋友圈的五个原因

基于我对微视频多年的了解，从微视频的营销角度来看，我总结出了抖音“霸屏”朋友圈的五个原因。

借势明星，爆冷启动

2017 年 3 月 13 日，岳云鹏转发了一条带有抖音 APP logo 的微博。在这位微博活跃明星的带动下，抖音指数当天便突破了 2000，此后的几个月中，抖音始终保持着强劲的上升趋势。

由于抖音本身的娱乐性和趣味性切合了当下年轻人对于鬼畜文化的追捧

和喜爱，当抖音在市场上崭露头角后，许多明星也选择了加入抖音进行体验。例如，胡彦斌曾经发起过一个音乐视频挑战活动，采用的策略便是在抖音用他的新歌《没有选择》来做背景音乐。这场音乐视频挑战活动吸引了众多粉丝的参与，甚至胡彦斌以前的伴舞也参与其中，而且其拍摄的视频还得到了2000多万的点赞。随后，钟丽缇、杜海涛等明星也加入了抖音的队伍。

或许是看到了明星的强大使用带动力，如今，抖音APP团队已经将明星效应作为主推项目，当我们点开抖音APP时，首先映入眼帘的便是首页给你推荐的一些明星玩抖音的微视频。可以说，抖音之所以如此火爆，明星效应起了很大的作用。

◎ 内容为王，技术护航

在内容的运营方面，抖音APP具有两大优势：

一是内容为王。抖音APP的最大优势便是其运营团队懂得借助热点话题来吸引用户的注意力，一个典型的案例应该是他们对于《乡村爱情》中谢腾飞的表情包和Thug Life的结合。前不久，《乡村爱情》谢腾飞的表情包走红网络，广受网民们的追捧。作为一种典型的互联网专用话语，谢腾飞脱离乡村爱情被赋予了新的意义，成为互联网上的流行符号。而最近两年，Thug Life以像素墨镜和大金链的标志性元素在贴图和微视频恶搞上持续走红。于是，抖音运营团队以此为契机，将谢腾飞乡村爱情里的音乐与 Thug Life 完美地结合起来，发起了一场#谢腾飞 Thug Life 的挑战。当《乡村爱情》谢腾飞配上 Thug Life，两种不同文化符号的混搭出人意料地产生了一种“越是本土化越是国际化”的新奇感觉，迅速得到年轻人的喜爱，挑战发起后，在短短一周内便得到了超过 1 万多用户的积极参与。

自上市以来，抖音运营团队发起过很多接力挑战，可以说，他们把握热点，并将热点与微视频相结合的玩法已经越来越成熟了。从这点也可以看出他们对内容运营节奏的把控十分到位。

二是技术护航。抖音 APP 吸取了其母公司今日头条的算法优势，在内容的推荐和分发上强调去中心化。也就是说，在抖音中，关注度的高低并不全在于粉丝量的多少，而主要取决于视频质量。也就是说，在抖音中，即使你没有粉丝，只要视频拍得好，一样可以受到关注。这样的抖音，仿佛是今日头条的另一种表现形式，吸引了越来越多的年轻人在这里表达自我。

◎ 更具传播价值

在如今的社交化时代，微视频更加具有传播价值。抖音通过社交平台的分享，可以增加微视频平台的流量，商业变现的机会就更大。同时，网络为抖音提供流量，抖音为网络产出内容，两者相辅相成，互相推动发展。

从微视频的角度出发，抖音的传播模式既不是传统的一对一的线性传播，也不是互联网一对多的网络传播，而是一种像细胞裂变式的一分二，二分四，这样一直分裂下去的传播模式。这种传播模式的成长速度，比传统媒体的覆盖范围要快得多。

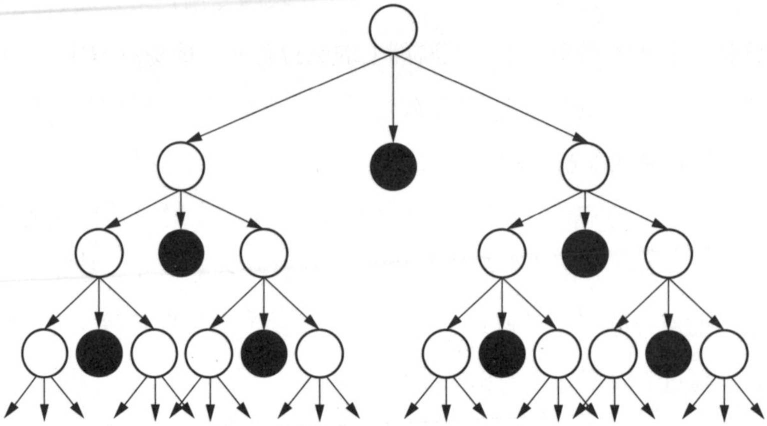

图 1－3　抖音的多级裂变式传播模式

抖音具体的功能有哪些呢？主要有发布、关注、转发、评论等。如果一个用户有粉丝 A、B、C，当这名用户在发布新的内容的时候，就会同时传播到三名粉丝那里，这就是一对多的模式。接下来，这三位粉丝可以自愿转发和评论，如果 B 和 C 觉得这条内容很有意思，就可以转发到自己的社交平台上，展示给关注他们的人看，这就是“一对多，再对多”的裂变过程。这样有利于信息快速的传播。

由此，我们可以看出，抖音的传播模式是抖音“霸屏”朋友圈的最大原因所在，其独特的多级裂变式传播具有传统媒体所不具备的优势。

◎ 可以占用用户碎片化时间

抖音之所以火爆，离不开它最大的特点——短。现在人们的碎片时间越来越多，人们没有专门的时间，也没有耐心完整地看完几十分钟的视频。和传统视频相比，抖音微视频的即时性和分享性更符合人们的需求。如今，互联网信息更迭越来越快，这个时代已经被打上短、平、快的标签。俗话说，天下武功唯快不破，抖音 15 秒的短小精悍让人更容易接受。

或许有人觉得抖音不就是缩短的直播吗？其实不是。在直播的过程中，观众和主播可以互动，观众与观众之间也可以互动，但是抖音创作者为观众提供的互动途径很少，只能在社交媒体上通过转发、评论、点赞进行互动，并且不是实时发生的。除此之外，抖音的更新速度必须要快，内容要新奇，要有创意，才能吸引流量，但是直播却不用。正因为抖音很短，所以门槛低，只要有兴趣、有能力都能进入。

◎ 强娱乐性和话题性

如今，“90后”“00后”已经成为互联网的中坚力量，互联网产品逐渐向“娱乐化”靠拢。现在的年轻人思维活跃，不喜欢死气沉沉的生活，他们追求开放、轻松的工作和生活方式。

最早 Slogan 是“专注新生代的音乐短视频社区”的抖音恰好是以音乐为主线，让年龄段、喜好相近的用户群体集中在一起碰撞创意，产生交集的一款产品。通过抖音微视频的方式，创作者把娱乐和信息有机地结合在一起，以生动有趣的内容吸引流量，稳定粉丝，从而引起共鸣。

以上五点便是抖音“霸屏”朋友圈的原因所在。可以说，微视频是继微博、微信等图文传播发展到巅峰时，掀起的一场革命产品。抖音等微视频 APP 将原来的长视频播放的时间缩短，重新定义了视频传播的语言规则，是人们快节奏生活方式下新的阅读习惯的应对与适应。

微视频时代已经来了，我们一起学习成长。

1.2 微视频这把“火”是如何烧起来的

2017年9月，“酷酷的滕”给包贝尔打电话的微视频一下子火了，两人双双登上了微博热搜榜，包贝尔更是名列榜首。

图1－4　2017年9月微博热搜榜

继包贝尔之后，“酷酷的滕”又接到了大鹏打来的电话，这个新的通话视频，在短短几个小时内播放量超过500万次、评论转发破万、点赞超过3万，狠狠地给大鹏的新电影来了一波营销造势。而这个微视频的源头，正是刚出现几个月的梨视频。近几年，快手、秒拍、抖音、西瓜、梨视频等微视频方兴未艾，已成为内容创业、营销的原发平台。

随着大量的资本涌入，平台与网红同时发力，一下子就把微视频这把大火“点”起来了，而且越烧越旺。在这里，先不妄谈趋势，我们不妨回过头来看看，微视频这把“火”是如何烧起来的？

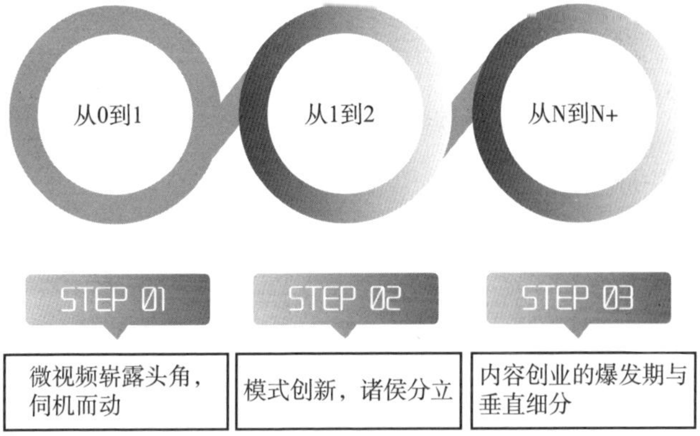

从 0 到 1，微视频崭露头角，伺机而动

如果一定要追根溯源的话，微视频应该始于 2011 年。在当时，由于移动互联网刚刚兴起，技术还没有完全成形，受带宽、网速等硬件的制约很大，条件不足，再加上没有代表性的产品，所以那时的微视频并没有受到人们的青睐和关注。

到了 2013 年，当社交平台中出现了秒拍、微视等主打微视频的应用后，才真正点燃了微视频时代的星星之火。

2013 年 7 月，蛰伏了两年之久的一下科技终于有了底气，得到了新浪领投、红点和晨兴资本跟投的 2500 万美元的 B 轮融资。8 月，一下科技推出了当年的爆款产品“秒拍”，立即获得了它的“老东家”新浪微博的独家支持，用户迅速增至千万，许多大腕明星纷纷进驻。

几乎在同一时间，BAT 三大巨头之一腾讯也拿出了用来对抗的微视频应用“微视”，以 PGC 内容生产作为主打，开放了自己旗下 QQ、微博、微信等产品链的互通，让用户得以很方便地把 8 秒钟视频同步共享到腾讯微博、QQ 空间等，实现客户的多渠道分享。

秒拍和微视的爆发，使得微视频这把火越来越旺，国内互联网巨头也纷纷投入这个新兴领域了。

虽然前景看好，但这个时期的微视频大多遵循了国外 Vine 的模式，再加上当时微信还处于蛰伏期。所以，不管是秒拍，还是微视，在产品功能的开发上缺乏亮点，既不能瞬间抓住用户的眼球，也没能建立良好的关系链基础。

总体来看，这个时期的微视频是一个从 0 到 1 的过程，虽崭露头角，但更多的是伺机而动。

从 1 到 2，模式创新，诸侯分立

到了 2014 年，微视频的燎原之火吸引了不少目光敏锐的企业和创业者，当他们大量涌入后，便密集地推出了许多微视频应用。同时，与之前基本依靠社交平台的微视频模式不同，许多新的玩家在模式创新方面也迈出了一大步。

例如，重获新生的 Gif 快手，依靠草根文化得到了亚文化阵线众多粉丝的极力推崇；“小影”“小咖秀”等新锐微视频应用开始致力于发展个性化工具生产，将自己的核心发展逐渐向工具方面转移。

此时，互联网巨头们也没闲着，本着“赢者通吃、大者恒大”的互联网逻辑，各自开始计划登上微视频行业霸主的巅峰。微视、美拍和秒拍先后点燃了“春节拜年”“全民社会摇”及“冰桶挑战”三场大战的硝烟，微视频市场的战火被刷新到了更高的热度。

2015 年初，微视频市场进入“诸侯分立”的割据时代，代表社交媒体模式的“美拍”、代表 PGC 模式的“微视”以及代表工具平台模式的“小影”“小咖秀”，三者以市场为战场，彼此对抗不休。由于秒拍和美拍的强劲势头，后劲不足的“微视”市场空间被挤占，此时后院起火，微信在自己的平台推出了 6 秒钟“小视频”功能，2015 年 3 月，腾讯不得不放弃“微视”。

总体来看，这一时期的微视频是一个从 1 到 2 的过程，微视频开始进行模式创新，诸侯分立，各自为战。

从N到N+，内容创业的爆发期与垂直细分

2016年，微视频进入爆发期。这一年微视频平台不再是主角，微视频的创作者真正走上了舞台，一时间内容与形式百花盛放。

随着各种独具特色的移动应用的诞生，加上不同内容创作者的涌入，微视频市场越发精细化和垂直化。例如，在2016年出现了以生活方式为主打的“刻画视频”；以财经领域为主打的“功夫财经”；甚至有以体育短视频为主打的“秒嗨”等。

如同一个工厂生产需要分工协作，微视频市场也更加完善丰满。过去粗浅搞笑、质量低劣的微视频内容已经不再受追捧，拥有强大生机的原创内容及其创作者们脱颖而出，微视频的爆发带来的“行业红利”也终究倾向于他们。例如，红极一时的papi酱，2200万的贴片广告曾是多么的风光无限。

微视频的爆发，加上2016—2017年也是资本时代，资本自然不会放过这样有生命力的市场，2016—2017年微视频领域的融资如同井喷。据不完全统计，2016—2017年，风险投资进入的微视频项目达20余个，有部分微视频项目融资进度甚至达到B轮以上。

同时，在这一时期还出现了一个新的趋势：微视频平台中开始有了主打新闻资讯的成员，并且增长迅速。如新京报的“我们视频”、南方周末的“南瓜视业”、界面的“箭厂”、澎湃味的“梨视频”等，都在这一时期出现在我们的视野内。

从内容输出上来看，这些新类型平台依旧走的是正统媒体的老路子，以国内外时政新闻资讯为视点，这方面只有“南瓜视业”和“箭厂”稍有创新，一个是主打文化和生活方式类视频，以此寻求从报业集团向文化传媒集团的转变之路，另一个则专注于人物纪录片的创作，用真实的故事来记录时代的脉动。从渠道分发上来看，无论是南方周末的“南瓜视业”还是新京报的“我们视频”都比较单一，依然是背靠着新浪或腾讯的固有渠道，梨视频则相对新派一点，有自己的APP以及全网覆盖的布局。

虽然以新闻内容为主的微视频略显呆板正统、渠道上过于单薄，但这种新形式受到公众的追捧和喜爱，如新京报的“我们视频”上线一个多月，仅仅在腾讯视频上就斩获了1.3亿次以上的播放量，足见热度的不凡。

总体来看，这一时期的微视频是一个从N到N+的过程，内容创业进入爆发期，各大微视频平台开始垂直细分。

兴于平台，而不止于此，作为社会发展并生的产物，微视频正迎来一个全新的时代。

1.3 微视频为何能让资本如此瞩目

随着“爸爸去哪儿”第五季的热播，火山小视频 APP 逐渐进入人们的眼帘。火山小视频是今日头条旗下一个微视频平台。2017 年 5 月，火山小视频宣布投资 10 亿元人民币鼓励优秀微视频作者加入火山小视频。其实，早在 2016 年初，今日头条就成立了两个微视频项目——抖音和火山小视频，相继在各大综艺节目和真人秀中植入广告，同年 9 月，今日头条又斥巨资 10 亿元补贴那些微视频创作者，并且对优秀微视频进行大力推广。

今日头条作为一家个性化、综合性的资讯内容公司，一次又一次对微视频板块加大投入，迫不及待地想要“独吞”微视频这块肥肉。资本向来是创业的风向标，更是推动行业发展的润滑剂。那么，微视频为何能让资本如此瞩目呢?

2016—2017 年微视频融资一览

2016 年是微视频集体爆发的一年，资本大力进入微视频领域。大量脑洞大、创意新的优秀微视频创作者加入其中，让这个市场越来越蓬勃，潜在的用户呈几何级数增长，平台和资本相继转向微视频市场。

2016 年 3 月，微博当红微视频博主 papi 酱获得由真格基金、罗辑思维、光源资本和星图资本联合投资的 1200 万元人民币，令业界哗然，也让不少和

papi 酱一样的网红羡慕嫉妒恨；走文艺清新风格，关注中产阶级生活方式的微视频“一条”“二更”也完成了融资。

值得注意的是，2016 年 11 月，国内移动微视频领导者“一下科技”也开始了 E 轮融资，此次由新浪微博、上海广播电视台、微影时代联合投资，融资额度达 5 亿美元。这次融资不但刷新了“一下科技”自身的融资纪录，也创下了国内微视频行业的单轮融资新高。

根据《2016 年短视频内容生态白皮书》统计，当年微视频领域创业融资已经超过 30 笔，秒拍位列视频排行榜前 50 名，已经有 12 家在 2016 年完成了融资。经纬中国、红杉资本、真格基金、华映资本等知名创投基金，至少有 3 次关于微视频行业的投资。

表 1－1　2016 年微视频融资情况一览表

时间	项目	投融资额/元	投资方	轮次	简介
2016 年 2 月	日日煮	3500 万	合一集团、MFund 魔量基金等	A 轮	生活类 APP，专注于制作 3～5 分钟的实用短视频，包括家常食谱、美容小贴士以及其他有创意的生活小秘诀
2016 年 3 月	papi 酱	1200 万	真格基金、罗辑思维等	天使轮	网红 papi 酱及团队，视频脱口秀节目
2016 年 3 月	二更	5000 万	基石资本、真格基金	A 轮	生活类短视频，表现人文、艺术、潮流、生活、食尚各领域牛人的生活方式、生活情趣、生活理念
2016 年 4 月	旅行者镜头	千万元融资（具体金额不详）	正坤集团	天使轮	一款旅行短视频社交媒体平台，致力于以旅行短视频的形式链接全球的旅行者
2016 年 5 月	即刻视频	1300 万	东方弘道、经纬中国	天使轮	提供原创内容的短视频平台
2016 年 5 月	功夫财经	1500 万	合一集团	A 轮	财经类短视频
2016 年 5 月	星座不求人	960 万	英诺天使基金	天使轮	原创星座漫画品牌

续表

时间	项目	投融资额/元	投资方	轮次	简介
2016年6月	一条	1亿	华人文化产业基金	B+轮	生活类短视频，每天一条的发布节奏
2016年6月	秒嗨	2000万启动资金	不详	不详	体育短视频内容平台
2016年7月	何仙姑夫	2260万	清科岭协基金、华盖文化基金	A轮	专注于搞笑视频创作和影视穿帮节目的制作

数据来源：《2016年短视频内容生态白皮书》。

进入2017年以后，微视频的发展势头盛况空前，风头无二。纵观近一年的状况，资本大鳄密集进场，各大微视频平台为了抢占用户，纷纷掀起亿级补贴大战。

根据易观发布的《2017年Q3中国短视频市场季度盘点分析》，这份报告的数据显示，仅2017年第三季度，微视频市场的融资超过24件，融资总金额超过8亿元。在用户数量方面，2016年微视频用户数量突破1亿，2017年用户数量突破2亿，预计到2018年底，微视频用户数量将突破3.5亿数量大关。表1－2为2017年我国几大主要微视频平台的融资情况。

表1－2 2017年国内几大主流微视频平台融资情况一览表

日期	微视频企业	融资金额	参与融资企业
1月19日	二更	B轮融资 1.5亿元人民币	由元璟资本领投，厚德前海、以太资本跟投，原机构股东基石资本、真格成长基金和东方富海追加跟投
3月23日	快手	3.5亿美元	百度、腾讯领投
5月16日	火山小视频	无	由企业拿出10亿元聚焦补贴小视频内容
6月8日	西瓜视频	无	今日头条旗下独立微视频APP“头条视频”全新升级为“西瓜视频”，新品牌口号为“给你新鲜好看”，这是今日头条微视频业务的又一次全面升级

快手、秒拍、抖音、美拍都是我们比较熟悉的微视频平台，看到这些平台蓬勃的发展，腾讯、阿里巴巴包括微博、今日头条等都把发展微视频提上日程，希望通过微视频的方式，提高自身平台的留存率，吸引流量，延长用

户使用时间。如今，东风都往微视频上吹，这些互联网巨头当然知道顺着风才能走得更快。

金主一出手，便知有没有，这些阔气的大佬们为了赶上这趟风，可谓是“大出血”。腾讯拿出10亿元，阿里巴巴投入20亿元，搜狐和百度联手投入2亿元，花椒投入1亿元扶持那些自媒体和微视频达人，百度甚至宣布在2017年要和微视频内容生产者分成100亿元。不仅如此，他们还将对那些优质内容提供额外的补贴。

难道微视频只有相关行业才能参与吗？错！现在连京东、淘宝、大众点评等服务类平台，也在向微视频转化。

微视频受到资本瞩目的三个原因

为何微视频能受到资本如此瞩目？主要源于以下三个原因：

◎ 一个新的流量利器

互联网的竞争时刻都在变化，而进入下半场的比赛后，谁先找到流量的新入口，谁就会成为最后的赢家。

实际上，目前微视频还处在初级爆发阶段，还没有真正进入红利期。但是随着互联网的发展和移动端的进步，微视频很有可能淘汰文字和图片，登上文化消费产品的宝座顶端。

例如，今日头条之所以把微视频当作战略重心，是因为本身流量急剧下降，要想办法挽救颓势。有调查表明，2016年11月—2017年4月，今日头条的用户增长率慢慢下降，在这样的情况下，今日头条急需一个新的流量入口，才能保住自己的地位，发展新产品。

微视频行业虽然百花齐放，但是缺少一个一枝独秀的领袖，这正是今日头条梦寐以求的机会。

同样，阿里巴巴也想以YouTube为蓝本，把土豆打造成中国的“YouTube”，组成“UC + 微视频 + 优酷”的泛娱乐矩阵，要想抓住年轻人的心，先要抓住他们的眼睛，接下来导入流量就是水到渠成的事情。

◎ 得用户者得天下

资本为什么如此青睐微视频？无非是因为它有很强的可塑性。目前，行业内流传着这样一句话，“微视频是离钱最近的媒体”。

为什么投资回报快？因为他背后有人，这个“人”就是数量庞大的用户。如今，得用户者得天下，谁的用户多，谁赚的钱就最多。

根据调查显示，2017 年是微视频行业集体爆发的一年，我们用数据来说话：2017 年，微视频市场活跃用户达到 2 亿；全年微视频消费占到新闻媒体消费总时长的 25%，占用户总移动互联网使用时长的 7.4%，相当于各大门户网站 7.5% 的使用时长。截至 2017 年 12 月底，国内 20 个市场主流的垂直类微视频 APP 渗透率达 30%，用户规模超过 2.3 亿人，意味着平均每 3 个移动网民中就有一个是微视频 APP 的用户。

这组数据非常具有说服力，说明目前微视频的接受范围越来越广，已经有了比较扎实的用户基础。

通过积累大量内容，在用户使用的过程中，根据用户的喜好和习惯，对用户进行精准的画像，最后实现商业变现。

◎ 清晰的盈利模式

如今在资本的两只手上都有砝码，一只手是共享经济的狂欢，另一只手是微视频风口的活跃，但是对于盈利模式依旧不稳定的共享经济，显然微视频已经牢牢吸引住了资本的目光，盈利模式已经足够清晰了。那么，微视频到底是如何盈利的呢？图 1 -5 便是微视频的三大盈利方式。

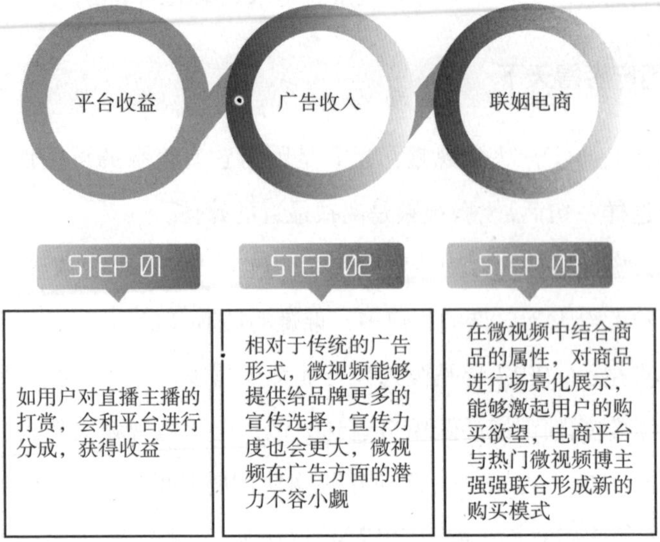

图 1－5　微视频的三大盈利方式

虽然如今微视频倍受资本关注，但微视频的未来任重而道远。所谓经得起多大的诋毁，才能受得住多大的赞美。微视频目前存在的问题还有很多，内容低俗化始终为用户所不齿。除此之外，在资本的驱动下，很多微视频从业者都被质疑是金玉其外，败絮其中，如二更视频就曾经被质疑数据造假。因此，微视频市场离成功还有一段很长的路要走。

1.4 2017 年微视频行业的发展状况

如今，随着微视频制作、发布、传播等门槛的降低和用户碎片化时间阅读习惯的养成，泛娱乐形态在不断发生更迭，各行各业的营销方式也不断发生变革。新一轮的营销需求逐渐成熟，微视频行业的崛起颇有些顺应民意的味道。

如果我们要给微视频行业出一部编年史的话，把 2017 年定为“微视频元年”再合适不过。

2017 年，微视频这阵风不知道让多少人春心荡漾，有的兴致勃勃开始建团队做视频，有的自立门户开直播当网红，有的抓住微视频红利做营销……整个行业都弥漫着一股积极向上的气息。微视频就像许愿池，来往的每一个人都往里面丢钱，希望获得良好的回报。

如果一定要找一个词来形容 2017 年的微视频行业，用“欣欣向荣”来形容再合适不过。2017 年初起，人工智能、共享单车、乐视危机等话题逐渐占领各大头条。在这个眼球经济的时代，大众对微视频行业的关注度不断上升，让微视频成为一个新的流量蓝海。

我观察了 2017 年微视频行业的发展状况，从市场趋势和产业链拆分的维度，对 2017 年微视频行业的发展状况做出以下两个总结：

抓住“风口”，积极布局微视频

雷军提出的“飞猪论”尽管多次被推翻，但是“风口”依然是资本和创业者开始实践的参考条件。“风口”就是机会，资本凭什么判断一家企业是否值得投资呢？就是看他是不是处于风口行业。这个“风口”既是“险风”也是“东风”。2017年有很多风口，如新零售、直播、VR等，当然微视频也包含其中。

2017年的微视频在内容创业领域的成绩可谓是名列前茅。正处于上升期的微视频行业让越来越多的微视频爱好者，以及各个环节的从业者加入这个行业，有的人绞尽脑汁产出内容获得流量，有的人手握大把资源分得红利坐享其成，有的人使出各种大招进行花式营销，还有的人静观其变。

2017年3月，腾讯和旧爱“微视”彻底“分手”，转而和“快手”郎情妾意。随后，腾讯和百度联手为快手提供了3.5亿元的融资。快手能够俘获腾讯“芳心”的理由很简单，快手总用户量突破4亿，日均活跃用户达到6000万，蝉联3年移动APP流量榜首。之前快手被贴上的低俗、无聊的标签，反而成了它接地气、低调的象征。

春天来了，不仅腾讯展开了自己的“新恋情”，阿里巴巴也找到了自己的另一半。阿里巴巴决定转型土豆，把土豆打造成国内第一微视频平台。阿里巴巴把这个计划称为“大鱼计划”，还斥巨资20亿元支持这个计划，希望土豆能通过阿里巴巴本身的品牌和流量优势，成为中国甚至全球最大的PUGC微视频平台。

与此同时，新华社、人民日报、央视网等传统媒体也纷纷跟上脚步，开辟了以新闻资讯、当日热点、舆论引导等内容为主的微视频板块，新闻行业也逐渐向微视频靠拢。就像新闻联播的每日播报，把一整期完整的节目拆分成几个小节后，就是一条条经过编辑的微视频。不管信息的表现形式如何变化，高质量的新闻需求不会变。对于像央视网这样的权威新闻媒体来说，微视频既是实验，也是未来的发展方向。

现在，我们再回头看看今日头条、微博、梨视频甚至各大直播平台在微视频领域的投入和规划，微视频领域的这场江湖比武，一定一浪高过一浪。

“产业+微视频”与“微视频+产业”

2017年，有人说：“产业+微视频是玩法，微视频+产业是内容。”“产业+微视频”，就像互联网和人类一样，是相辅相成、互相依存的关系。但是“产业+微视频”还有一个很重要的原因，就是流量。不管采用什么套路，什么操作，最终目标就是变现、盈利。下面分别对这两种模式进行分析。

产业+微视频

“产业+微视频”是怎么起源的呢？还是要从微视频爆发开始说起。在前面的章节里，已经介绍过微视频的崛起是因为互联网信息的升级，这种变革是大势所趋，从文字到图片，再从图片到视频，既是信息的进化，也是营销的进化。微视频模式的产生，将给人们的生活带来更深入、更细致的影响。就目前的情况来看，微视频是最符合当下趋势的商业模式。

如果你观察得足够细致就会发现，2017年各行各业都在通过微视频的方式对品牌进行推广和营销，目的只有一个，吸引消费者的注意力，实现商业变现。不一样的是各行各业转化的内容不一样，要么是看得见、摸得着的产品，如汽车、服装、彩妆等；要么是看不见、摸不着的产品，如服务、知识、欢乐等。

那么，这些品牌是如何把产业和微视频结合，实现变现的呢？关于商家和品牌如何进行微视频变现，在下面的章节将详细讲述。这里主要介绍2017年“产业+微视频”最主要的变现模式——广告变现。

如果我们仔细对每周的中国品牌微视频排行榜进行观察，就会发现，每周都会出现一些很有看点的微视频广告。这些广告呈现出原生化的特点。

图 1－6　“产业＋微视频”涉及的行业

互联网的产生让人们拥有越来越多的主动权，以前人们戏称看电视，就是看广告中插播电视剧，但是现在不同了，互联网让观众可以不看广告，更纯粹地享受内容。因此，把传统的电视广告互联网化、微视频化，其影响力可想而知。

那么在这个过程中，谁是最大的受益者呢？一个视频平台的流量大，金主当然愿意花钱投广告，但是用户又可通过购买 VIP 的方式跳过广告，谁是赢家？这个答案不言自明。金主当然不愿意了，因此，平台又从技术层面出发，对这些 VIP 用户进行更精准的广告推送。可是，不管是不是 VIP，大家都不喜欢看广告，但是观众喜欢看有意思的微视频，于是，原生化的微视频广告应运而生。

消费者变得越来越挑剔，他们对内容的需求不断提升，要求也在提高。用讲故事的方法吸引目标消费者，刺激消费，是大家采取“产业＋微视频”的最终目的。怎么把讲故事和微视频有机地结合起来，并且还能刺激消费，这可拦不住天生脑洞大的中国人，于是出现了各种各样的微视频的广告形式。

相信资深淘宝都对“淘宝二楼”不陌生，一部《夜操场》激发了多少荷尔蒙，又给淘宝带来一大波流量，这个模式可以说是非常成功的。《一千零一夜》系列甚至比《深夜食堂》更能刺激消费，每一集的购买链接会直接出现在视频里，据统计，《鲅鱼水饺》播出后，商家在 9 小时内销量就翻了 1.5 倍，同类产品总销量增长了近 5 倍。相对口碑持续低空走过的《深夜食堂》，投资商是不是肠子都悔青了？

为什么网易云音乐所有的微视频都是音乐 MV 的形式？《音乐的力量》一经推出，网友纷纷评论“明明可以靠电影发家，却偏偏要做播放器”。音乐行业的从业者们发现了这一趋势，纷纷把纯单曲向音乐微视频转变。

“中国有嘻哈”不仅火了一大批 rAPPer，还火了吴亦凡的“你有 freestyle 吗?”，wuli 凡凡更是趁热打铁，做了一部《我们的嘻哈时光》的微电影，还给小米手机拍了星座主题的《凡先生的星座照相馆》宣传片。这一举动能不能提升小米的销量不知道，但是这一波热度，可以说是很空前了。

◎ 微视频 + 产业

“微视频 + 产业”重点在视频上，视频就是内容，说到内容就不得不说内容创业者。

2017 年微视频行业形势一片大好，可是各大平台想要更上一层楼实现质变却很难。在平台方很多巨头垄断了流量，内容制作公司由于很难盈利，纷纷依附 MCN，背靠大树好乘凉，空间很大，上升很难，在这样的情况下，资本就更加谨慎了。所以，创作者就要挖空心思、绞尽脑汁提升自己的变现能力，维持自己的发展。

于是，微视频营销出现了这样一种景象——玩法花样百出，内容层出不穷。

搞笑的有“万万没想到”，和快手上的搞笑微视频不一样，“万万没想到”已经具备一定的 IP 属性了，母公司万合天宜旗下有很多档节目，除了“万万没想到”，还有“报告老板”系列、名侦探狄仁杰、学姐知道、高科技少女喵等节目。除此之外，院线电影《万万没想到》的票房也取得了不错的成绩。值得一提的是，“万万没想到”的流量比同期其他微视频要高，带来了不错的变现能力。

美食类更是百花齐放，日日煮、黄小厨，还有最近登上《快乐大本营》舞台的办公室小野等，近来的发展势头都很猛，特别是日食记，很多粉丝表示：“看他不仅仅是为了学做菜，我只是想去吸吸他的猫。”

你知道今日头条上黑男的“街头丘比特”吗？如果告诉你是街头“非诚勿扰”是不是就好理解多了？“街头丘比特”就是给无数单身男女提供一个邂逅另一半的机会，不少单身人士都开始幻想能够“遇见黑男”！

今日头条推出“金秒奖”，想把它做成微视频界的奥斯卡，在 2017 年 7 月的颁奖典礼上，今日头条的高级副总裁赵添表示，微视频发展前景很广阔，目前出现内容跨界、创作和消费的地域下沉、分发的国际化三大趋势。其中，微视频 + 产业的形式，就是内容跨界最有力的证明。

微视频的“风”还在继续吹，文字和图片相结合的形式已经在人们脑海中形成思维定式，微视频和前两者如何结合，还需要花很多时间去探索。总而言之，内容是微视频营销的核心，不管出于产业链中的哪一环节，都不能忽视对盈利模式的探索，这是生存发展的需要。

但是，内容营销升级后，把广告微视频化并不是最重要的，重要的是如何通过微视频的方式，满足消费者日益增长的、个性化的需求。在这条路上，挑战才刚刚开始。

第 2 章　不懂微视频，怎能引爆流量与营销

微视频之所以倍受青睐，无非是其短小精练、传播速度快、低成本运用，而且有着多种商业转化的可能。微视频对企业的营销推广、市场拓展有着巨大的促进作用。微视频经过几年的发展，如今已经拥有一条完整的产业链和多种变现模式。据艾瑞统计表明：到2020年，通过微视频实现的变现将会是现在的10倍，突破600亿元人民币。那么，这600亿元市场的微视频风口又将吹向何处呢？

2.1　微视频的特点和类型

你是否有这样的体验：在微信中用视频与好友、家人聊天，感觉比打字、语音更痛快？在微信群、朋友圈看到各种无节操的小视频、广告推送会多看两眼？在秒拍里拍好自己的搞笑视频，冷不丁发给闺蜜，还配上一个坏笑的表情，感到比发图片更有趣？

如今，你随便登录一个社交平台就不难发现，微视频已经无处不在，粉丝亦迅猛增长，且没有任何减缓的迹象。微视频正在成为下一个社交媒体的重要爆发口。它是微博、微信、新闻客户端等文本传播发展到一个高峰之后，在音视频领域掀起一场革命的产品。

所谓“千里之行，始于足下”，既然要做微视频营销，我们首先要知道什么是微视频。

微视频的概念

按播放时间的长短，视频分为长视频和短视频。一般来说，长度在 30 分钟以上的叫作长视频。我们现在所讲的微视频是对比长视频而言的，基本上是指长度为 5 秒 ~ 30 分钟的视频短片，这种短片形式多样，内容非常广泛，微电影、DV 短片、记录短片、视频剪辑短片、广告片段等都统称为微视频。

微视频的三大特点

从微视频自身角度来看，微视频主要有以下三大特点：

视频长度短，传播速度快

首先，微视频的长度一般在 5 分钟之内，十分短小精练，适合即拍即分享；其次，移动互联网发展至今条件已相当完备，移动客户端用户拍摄一段微视频并发布只需几分钟的时间，而即时观看使微视频的应用也已经普及，这为微视频的快速传播提供了有利条件。

制作流程简单，制作门槛较低

对比专业视频制作，微视频制作门槛相对较低。任何人只要依托智能终端设备，按照简化过的视频制作流程操作，即可轻松搞定视频的拍摄和制作。除此以外，多数主流微视频制作 APP 中，增加了很多滤镜与特效功能，使内容看来更加专业化、更加美观。

◎ 社交媒体的属性增强，参与性更加广泛

微视频作为社交方式的延续，越来越多地成为信息传递的一种重要方式。一方面，用户的创造及分享需要依赖社交媒体所提供的便捷传播渠道；另一方面，参与线上微视频的话题与活动，使用户突破了时间、空间、人群的限制，使用户觉得简单有趣、有参与感。例如，网红、微商、个体、AR/VR、电商、企业或品牌都是微视频的适用人群。

微视频的类型

综观如今的微视频，一般可以分为以下 7 种类型：

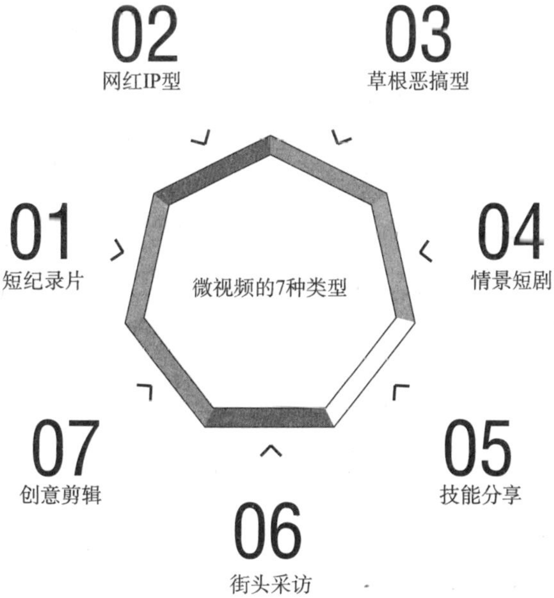

图 2－1　微视频的类型

◎ 短纪录片

例如，国内较早出现的微视频制作团队里的一条、二更，他们大多以纪录片的形式来表现视频内容，制作上非常精良。成功的渠道运营使他们成为

当时各大资本争相追逐的目标，也是他们最先开启了微视频变现的商业模式。

◎ 网红 IP 型

如 papi 酱、回忆专用小马甲、艾克里里等，他们具有较高的认知度，在内容制作上尽量贴近生活。他们在互联网上极受追捧，基本都拥有庞大的粉丝团，在这种高用户黏性的背后潜藏着巨大的商业价值。

◎ 草根恶搞型

以快手、抖音为主要基地，大量草根借微视频之风输出搞笑娱乐内容，虽然具有许多争议，但是在重视娱乐、传播碎片化的现在，也为许多网民所津津乐道。

◎ 情景短剧

陈翔六点半、报告老板、万万没想到等团队十分擅长制作此类微视频，多以搞笑创意为主打内容，受到互联网许多用户的喜爱从而得到广泛的传播。

◎ 技能分享

微视频热度居高不下，使得技能分享类微视频也开始受到欢迎，如在今日头条上，获得认证的泛科普自媒体套路专家在短短 4 个月内就得到了 6 亿次的点播。

◎ 街头采访

微视频的热门表现形式还有街头采访，因为它的话题性强，制作简单，所以成为都市年轻人喜爱的对象。

◎ 创意剪辑

这是不少广告利用新媒体微视频热度的一种方式，利用惹眼的创意和技巧的剪辑，将新媒体广告植入微视频中，制作出或震撼或精美，或搞笑或含蓄的微视频。

微视频的媒体属性

在重视社交分享的今天，微视频当之无愧成为社交媒体的新宠，它默默地改变着人们的日常生活和行为，甚至可以左右大众的消费习惯。一方面，微视频应用具有很强的社会化媒体属性；另一方面，微视频应用内容的自主性和分享特质使它具备了 Web 2.0 时代自媒体的性质。所以，在给微视频下定义的时候，我们还需要分析它的媒体属性，因为这是对于微视频营销价值开发的前提和基础。

微视频作为社会化媒体，拥有以下 4 个特性：

亲民性

微视频为普罗大众提供了非常好的主动参与和交流的平台。作为社会媒体，微视频生来就非常具有亲民特质，它的门槛低，每个人都是摄影师兼导演，人人都能拍摄。以美拍为例，其“10 秒拍大片”的宣传极其深入人心，虽然只有短短 10 秒，但简单的后期操作可以达到电影一般的艺术效果，让每个人都兴起想要尝试的念头。它完美地抓住了大众当下对分享美好生活的诉求，具有良好的亲民性。

对话性

作为亲民性的延续，对话性并不是媒体单向的宣传，而是双向的、多点的平等交流，从最初关注明星点赞并转发，到后来网红草根的兴起，大众渐渐将录制视频变成生活中的一种习惯，并随时准备着参加热门话题，这种让任何用户都能发出自己声音的特质，淋漓尽致地表现了微视频应用的对话性。

◎ 社交性

社交是指人们运用工具或方法，彼此传递信息、交流思想，最终达到某种目的的社会化活动。社会化媒体最重要的属性就是社交性，同时社交性也是微视频在营销价值开发上的关键。通过社交属性，可以拉近人与人的距离，如明星与粉丝、企业与用户等，甚至可以将产品和用户联系起来，从而达到营销目的。

◎ 涌现性

从系统论的角度来分析，社会化媒体通常处于无序与有序之间，即所谓的“混沌”状态。一般来说，热点事件的涌现概率与用户数成正比。如冰桶挑战赛和美拍游戏等热门话题的出现，无一不是带来了话题传播的爆炸。这种传播上的优势，是社会化媒体有别于传统媒体的重要属性，同时也是商家发起热点，引发病毒式营销的天然介质，这就是微视频与生俱来的涌现性。

2.2 微视频产业链上的“三板斧”

微视频从 2011 年起步发展至今，经过长时间的积累和资本催化，已经形成了一条比较完整的产业链。如图 2－2 所示。

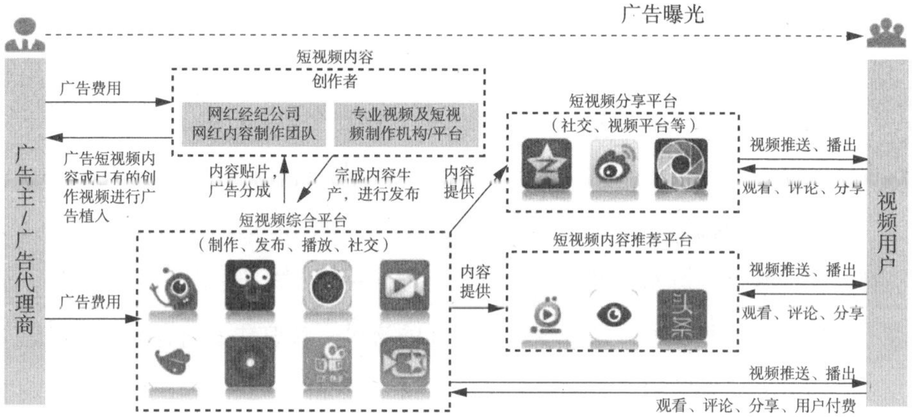

图 2－2 微视频行业的产业链

资料来源：艾瑞咨询。

在微视频的整条产业链里，有“三板斧”，分别是内容生产、平台以及分发。内容生产端为平台提供内容产出，平台通过自身的推广能力和流量对内容进行宣传和分发。

原来的内容生产端以“UGC、PGC”为主，如今向“UGC、PGC、OGC”模式转型，平台类型主要有综合性平台、摄影工具平台以及微视频聚合平台。

分发端分为中心化分发和资讯智能分化两部分，即以大数据为基础，对用户进行个性化推荐和社交分发。

内容生产端："两层"生产模式向"三层"转变

在现在的微视频行业，单凭一味的搞笑和娱乐已经无法在市场立足了，还是需要富有创意、有竞争力的优质内容，内容才是王道。所谓优质内容，是指那些和社会热点息息相关，并且能引起人们共鸣的作品。

总结起来，微视频内容生产端表现出以下几个发展特点：

微视频内容太多雷同，商业空间缩小

自媒体团队和传统媒体团队纷纷转型，开始微视频内容创业，同类型的微视频此起彼伏。传统的影视剧团队追求多元化发展，也开始走微视频的道路。

微视频内容生产端从两层生产模式"UGC、PGC"向三层生产模式"UGC、PGC、OGC"转变。

什么是三层生产模式呢？UGC 是指个人原创视频，PGC 是指团队作业创作视频，而 OGC 完全就是平台化组织化，由专业机构制作并发布视频。

虽然现在微视频行业的产业链已经相当成熟，但仍逃不掉流量的争夺。不管在什么时候，流量都是重中之重。不管是平台方，还是内容产出方，如果不能把内容培养成可以进行针对性营销的流量，就浪费了内容本身的价值。

实际上，如果从用户流量出发来看微视频行业的商业流程，可以概括为 6 个步骤，如图 2－3 所示。

这里的每一个阶段都会分化成很多个小部分。微视频的主体首先要通过产出优质内容吸引流量，从而积累流量，才能进一步考虑商业变现的问题。如果连流量都没有稳定，又何谈变现呢？

单一的流量转化模式限制了微视频商业模式的探索。微视频流量转化有三种方式——平台分成、"＋电商"和广告植入。处于产业链的顶层——平台可以一招鲜吃遍天，甚至还能通过资源整合开辟新的板块。但是对于产业链的下层——垂直大号来说，他们既没有足够的资金支持，也没有能力承担试

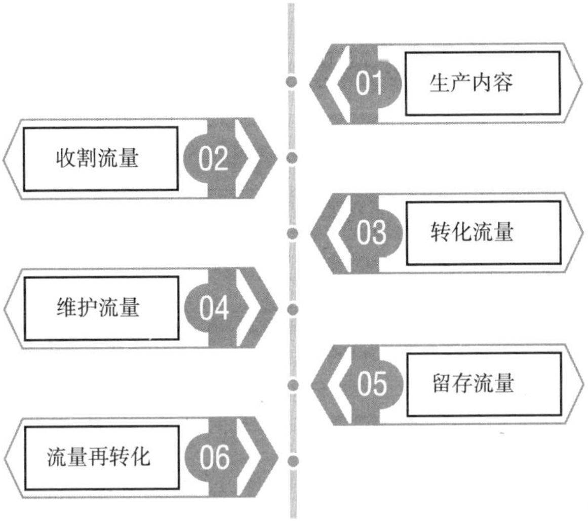

图 2－3　微视频的商业流程

错的成本，更别提流量转化了。

在微视频产业链的底层还有一群摸黑前行的人，这部分人在流量和内容以及团队方面都没有什么竞争力，他们要么退回到原来的角色，为别人打工维持生计；要么把微视频业务外包给更有能力的公司，自己安安心心当好广告主就行了。但是这个群体又不甘心就这么算了，还是想趁着微视频的热度干一票大的一鸣惊人，然而真正做的时候又缺乏信心和毅力，最后只能被淘汰。

◎“内容为王”支撑产业发展

说到微视频的内容，不得不再次提到 papi 酱。在美拍的原创视频排行榜中，曾经名列前茅的 papi 酱，现在已经滑落到第 35 名了，而那些红过一段时间的博主如同道大叔、软软不太硬等，如今已经在榜单上看不到他们的名字了。而一条、二更等视频却依然保持着稳定的排名。

papi 酱一人分饰多角的表演方式后来被很多内容创作者模仿，包括 papi 酱成立的 papitube，这个平台上大多数内容都比较雷同。模式太单一让 papi 酱失去了原有的吸引力，流量存续就成了问题。papi 酱和罗振宇的分道扬镳，也许就有这样的原因存在。

再往前追溯到“万万没想到”时期，当时，“万万没想到”也是红极一时的大IP。但是现在也停播了，原因就是用户已经对这种固有模式产生了审美疲劳，对用户有吸引力的永远都是那些有意思、有质量、有价值的内容，这也是“抖音”“一条”“二更”能够长盛不衰的原因。

内容决定微视频创业者以及平台的排名。平台内容越丰富，流量自然就越大，正因为如此，微视频分发平台的竞争逐渐进入白热化阶段。腾讯、阿里巴巴、百度、今日头条都加大了对自家微视频平台的投入，大力扶持内容创作者，甚至还出现了挖墙脚的情况。

在将来，微视频行业洗牌的阵地，就是机会的阵地，谁先快、准、狠地抓住了内容，谁就能占据竞争优势，提高商业变现的能力。

平台端：平台端齐备稳定，三大平台垄断

所谓微视频平台端就是微视频内容创作者，能在平台上一站式地完成制作、发布和互动。平台端主要有三种——综合性社交平台、摄影工具平台以及微视频聚集平台。

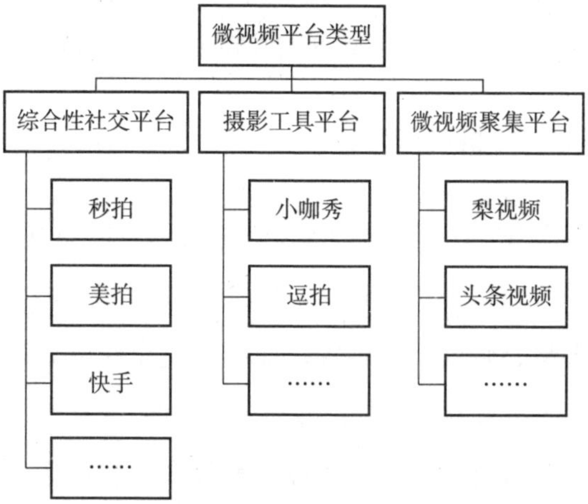

图2-4 微视频平台的三大类型

综合性社交平台：社交属性是这个平台的核心特征，典型的例子有秒拍、快手、美拍等，后来的火山小视频和蛙趣视频也属于这类平台。

摄影工具平台：这种平台主要以活泼、时尚、有创意的特效功能为核心竞争力，如小咖秀、逗拍等。

微视频聚集平台：如梨视频、头条视频和开眼视频等，这类平台又分为两种类型，第一种需要依附其他平台生存，自身的 APP 能力比较弱，如梨视频；第二种就是生命力比较顽强，可以自立门户的平台，如今日头条旗下的一系列微视频产品。

除了以上三大平台，在微视频的整个产业链里，网红也是一个重要的传播媒介。从宏观角度出发，微视频在网红产业链中主要是扮演传播平台的角色。网红主播们通过一直播、映客、美拍等直播平台接触更多的人群，积累粉丝，然后提升自己的 IP 价值。同时，直播和社交平台也会出台一些有利于网红发展的策略，如秒拍、小咖秀、一直播等成立专项基金，推动网红的进步。图 2－5 为网红在微视频产业链的传播简图。

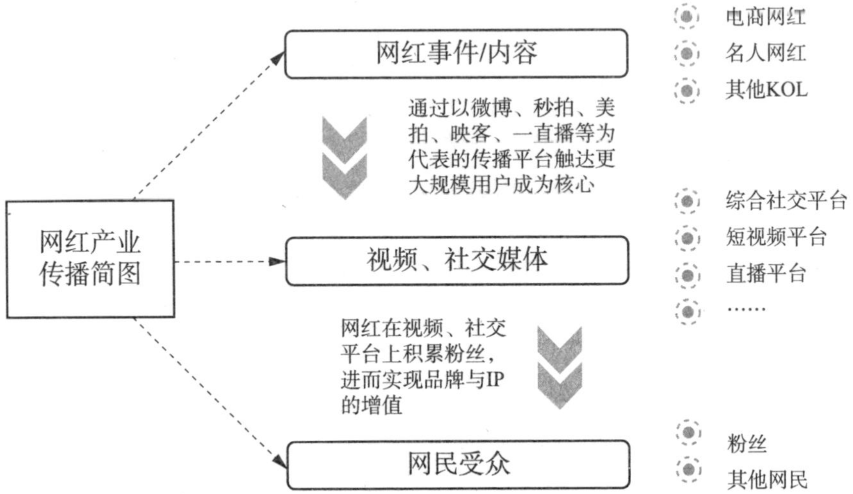

图 2－5　网红在微视频产业链的传播简图

分发端：智能分发、社交分发为主

目前，微视频的分发端主要有以下三种类型：

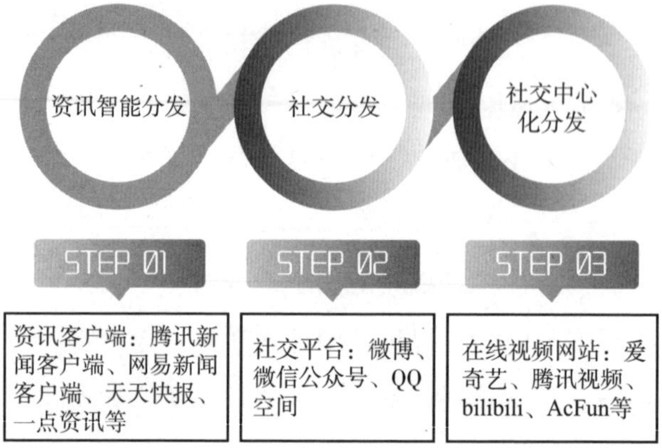

图 2－6　微视频分发端和分发方式示意图

资讯智能分发：以智能分发为主，中心分发为辅。这类平台主要有今日头条、腾讯新闻客户端、网易新闻客户端、天天快报等。

社交分发：最典型的例子就是微博、微信公众号和 QQ 空间。

社交中心化分发：这是一种比较专制和集权的传播方式，比较像“我讲你听”的模式。去中心化也可以理解为个性化，用户可以根据自己感兴趣的内容进行观看，并且转发给有相同爱好的朋友，传统网站一视同仁、千人一面的推荐方式已经不能满足用户的需求了。平台要根据大数据，对用户进行精准的推荐。传统的中心分发主要以在线视频网站为主，如爱奇艺、优酷、哔哩哔哩动画、AcFun 等。

据统计，2017 年去中心化内容分发平台的用户数量已经突破 3. 19 亿，与 2014 年的数据相比，增长了近 2. 5 倍，去中心化市场的巨大潜力让我们更加关注资讯智能分发和社交分发。

综观微视频的整个产业链，内容犹如人体的血液，只有血液不停地流动，生命才会延续。但是，要想血液流得顺畅，就必须依靠微视频平台和分发端才能打通整个产业链，让产业链充满活力。

2.3 微视频如何变现

对投身于微视频战场的企业来说，如何变现一直是核心话题。微视频发展到今天的规模，是依靠变现来促进产业链上各个环节生生不息地循环运转的。我们可以把变现看作微视频这辆车的核心动力，同时它也是微视频营销的动力。

如今，一谈到微视频变现的问题，许多业内人士往往从两个方面开始分析：流量与内容。我认为，在任何时候，这两个方面都不可以单独分列出来讨论。优质的内容支持流量，巨大的流量吸引资本眼光，资本青睐于内容的创作。

从基础上看，微视频的成败还是要看流量，通过内容得到的巨大流量正是广告、电商所追逐的目标，而这一切都需要一个可持续输出的优质内容作为基础，然后再回头进行流量囤积。

所以，对于投身微视频的许多营销者和创作者来说，无论是 UGC、PGC 或者 OGC，还是以内容为主的 MCN，在本质上都是一样的，当囤积到的流量不足时去谈内容是非常幼稚的。就像郭靖没有降龙十八掌，却找上桃花岛宣布“我要娶黄蓉”，成不成还是小事，一个不小心小命都难保。

如果我们将微视频变现看作是一个大蛋糕，那么，产业链上的各方都是怎样吞下微视频变现这块大蛋糕的呢？

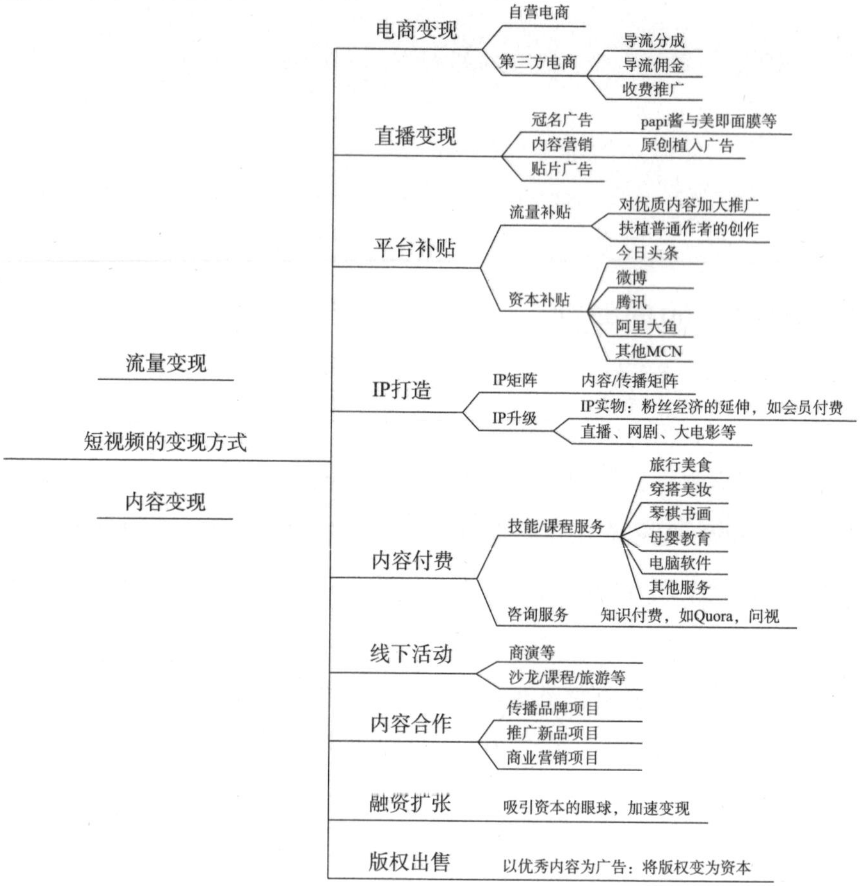

图 2－7　微视频变现

资料来源：《2017 年短视频行业年中报告》。

流量变现

前面分析过，流量变现是微视频相当重要的一种变现模式。流量转化为真金白银，才能真正体现出微视频的价值。受移动互联网影响而诞生的微视频，是一个划时代的产物，也是流量的宝库。但目前对这座宝库的开发做得并不充分。

那么，如何扩大流量呢？业内常用的一个技巧就是引流，即商家将自己的微视频放在社交平台上，用以吸引粉丝，提高人气。随后，引导粉丝们进入自己的淘宝店、微店或者其他特色店铺里，从而扩大销售量。

从商业运作层面来看，流量变现是最简单、最直接的模式，也是变现最容易的模式。

电商变现

受微视频直播利好东风的影响，电商越来越多地将微视频直播放进标配模板中，同时，不少其他行业的巨头也纷纷盯上了这块蛋糕。相比有限的平台补贴和广告植入，微视频与电商的强强联合显然更具有想象空间。

淘宝微视频已于2013年正式上线，继图文之后，正式成为制作工具，商家和创意达人的微视频需求得到激发。淘宝不再只有图文展示，而是给用户奉上更生动直观的产品演示，力争在短时间内提升交易率。这种突破，也使淘宝在增加用户留存和使用时长的道路上更近了一步。

由此可见，电商与微视频结合的变现模式，无论对电商，还是对于微视频社区、平台或团队、主播而言，都是一场双赢的局面。

在电商看来，微视频直播可以对产品进行非常全面的展示，这些直观的产品信息，大大增加了用户的有效决策，从而提升销售效率。在微视频社区、平台或团队、主播看来，直播带来的收益提高了，投入产生比例随之大幅下降。

如2017年5月，以微视频起家的“一条”，与电商一起发力，用微视频打通商品内容与消费者，创造了2天卖掉25000本书，销售额超420万元的惊人业绩。

比较图文类令人“种草”的文案，完整直观的视频展示显然更能拨动人的心弦。尤其是以生活方式、时尚美妆为主打的微视频，在引导消费方面有着天生的优势。当然，微视频也不是万能的，电商要保持较好的转化率，取决于视频主受观众的信任程度、视频质量的好坏以及推荐商品的本身价值。

Honey CC曾用一条微视频直播征服了用户，在导流成本几乎为零的情况下卖出了3万条牛仔裤。这位淘宝店主在美拍上发布了一条微视频，用以展示不同体型的人们试穿裤子，其中加入了夸张搞笑的拉腿、抬腿动作，在令人捧腹大笑的同时不着痕迹地拉近了与观看者的距离，打消了观众对裤子质量的顾虑。

有人认为视频变现的主要模式是直播，我们不妨将电商看作微视频变现的创新模式，从这种“人与货”到“人与人”的渐进式交互上看，微视频与电商联合的前景将不可限量。

直播变现

直播是微视频最为直接的盈利模式，现阶段网络爆款的那些“网红”们，十有八九都是踩着直播之路走红的。微视频是视频直播最主要的分支，所以，目前直播在各大微视频社区或平台上十分火爆。

根据统计，“网红”主播每月收入高达 10 万 ~20 万元，而一位“业界大佬”仅仅两个小时内直播的收入就能达到 30 万元。于是，更多的人挤进微视频直播中，越来越多的企业和商家开始响应“无直播不传播”的口号。一时间，几乎所有的社交媒体、电商都想搭上直播这趟顺风车，利用直播来吸引顾客、营销产品的盈利模式开始形成，并日渐牢固。

例如，聚划算曾邀请柳岩合作，通过直播营销其产品。在柳岩直播介绍聚划算产品的同时，观众也可以同步在聚划算客户端通过语音功能参加抽奖，或者在直播视频左下角将看中的产品放进购物车。据统计，这次不到 5 分钟的柳岩直播，有超过万人观看，当直播结束时，卖出了 2 万多件核桃、4500 多件柠檬片、2000 多件面膜和太阳镜。

微视频的出现放大了视频直播的优势，我们可以通过微视频与客人进行实时聊天互动，真正实现了直播的网络化。在这里，微视频直播与传统直播也有很大的不同，微视频直播降低了直播的门槛，这也是微视频直播的一大优势，参加微视频直播的用户，只要提供真实的身份，通过直播平台推送，就能播放内容。这意味着人人皆可变身“直播员”，你只需要一部手机、一个账号而已。

微视频直播销售的业绩的确令人信服，但经过冷静的思考，我们也发现有许多不足之处。尽管微视频直播变现的优势大、门槛低，毕竟处于发展阶段，市场监管力度不足，导致光鲜与热度背后乱象从生。只有经过正确的市场引导和严格的监管，微视频直播营销才能踏上康庄的发展大道。

平台补贴

平台补贴是许多下层内容创作者的“母乳”。毕竟像一条创始人徐沪生那样自带流量和IP属性的实在少之又少。受“二八定律”影响，许多微视频创业者依赖平台补贴生存已经成为常态，早在公众号的图文时代就是如此，内容创作的基础来自平台补贴，同时还可以激发一定的市场活力。

IP打造

近几年，IP打造一直是很热门的话题。IP究竟是什么？通俗来说就是，“当某个图案映入眼帘或者某几个词句传到耳朵里，让人第一时间联想到的那个具体事物”。这是不是很难理解？一个微视频，如果已经具备了打造IP的能力，那么它一定具备很强的变现能力，而IP会让这种变现能力拓展得更远。

打造一个IP，还可以防盗版，防止抄袭内容侵吞自身的变现池。IP也可以通过内容或传播矩阵的形成扩大流量，从而衍生出更多的产品和服务。二次元常规变现路径就包括IP升级产生的衍生产品。同时IP升级也可以向其他视频音频领域延伸，如直播、网剧、院线电影等，所以，IP升级也是变现能力的升级。目前，微视频“陈翔六点半”走的就是这条变现之路。

内容付费

在我国，绝大多数人是习惯看免费视频的，一旦开始收费，会让许多用户在观念上难以接受。这一切，并不表示收费模式不可取。一旦方法合适，我们可以将收费和免费用户区分开来，为收费群体提供更为优质的服务，从而让用户享受到更好的体验等，总之，收费模式尚有很大的发展空间。

尽管微视频做付费盈利尚有许多阻力，但好在微视频的领域相当广阔，又因为“知识传递”的高要求，使得微视频兼具高垂直性、高精准性和强大的知识性。经过分析，通过以下两个方面可以达到微视频的付费模式：

一是服务具有特色，与众不同。一个高质量、有料的微视频平台完全可以通过收费来实现盈利，只要能让用户有所获，有更好的体验。关键是如何创新服务，提供足够有特色、有价值并切中用户需求的服务。

例如，网红风头正强劲，有的商业团队直击大众需求，直播如何将自己打造成为“网红”。这就是有价值的特色服务，就算是收费高昂，也会有人愿意自掏腰包埋单。所以，许多微视频平台抓住提供特色服务大做文章，这也成了他们的主要商业盈利模式之一。

二是有效的组合。现阶段许多商家常常采用矩阵式来布局自己的微视频阵营。一般是以大带小的模式，即一个主账号同时带许多小号；或者建立一个框架体系，再按照品牌设置若干账号。这样做是为了在同一微视频或同一体系内，一部分收费，另一部分则免费。

这是比较明显的变现方式，除了相关费用会被平台扣除掉，剩下的就是盈利了。这种用免费来带收费，非常符合我国大众对于市场新事物的认知逻辑，以及消费的心理。

综上所述，微视频是否能在付费领域激起更大的浪花，还需要我们拭目以待。

微代言变现

在新媒体盈利中有一种主要方式，叫作广告代言，从曾经的微博、微信、APP，到现在的微视频无一例外。正是看准了这一点，商家经常会选择一个微视频社区或者平台联合出手，用花样百出的网络广告吸引那些爱上网的消费者。

微视频广告代言与传统营销中的广告代言一样，不仅能赚取代言费，而且还可赚名气。但在实际操作中，这并不是一件容易的事，需要注意的细节非常多。除了要从自身产品的风格和特征出发，结合客户群体类型，来寻找合适的代言对象，还要考虑报价的问题。总之，微视频代言费用既不能过高，也不能太低。例如，一个预算在百万元左右的广告代言，能最终达到这个价值的微视频，不仅需要有快速扩展市场的能力，还需要在极短的时间内证明自身价值，并且坚决不能产生任何负面影响。

综上所述，广告代言在商业活动中位于较高的层次，除了需要非常庞大的粉丝数量，还需要在业界有良好的口碑及不凡的影响力，并且，不适合个人和影响力较小的微视频用户，所以绝大多数微代言都是由团体来运作的。

广告变现

2017年6月，艾瑞咨询作为第三方数据机构和美拍一起发布了《短视频达人发展趋势报告》（以下简称《报告》），在《报告》中，创意植入广告成为短视频达人变现的主要方式。这的确是绝大部分短视频创作者最直观的变现方式。

创意植入广告成为主要变现方式

	传统硬广	VS	创意植入广告
制作	团队拍摄、周期长、成本高		个人拍摄、快速产生、制作灵活
内容	消费者容易排斥		贴近用户、广告与内容完美结合
效果	渠道成本高、转化率低、效果不可视		有粉丝基础自带传播、广告数据一目了然

短视频达人的创意广告一条龙提供脚本、拍摄、剪辑和渠道服务，
获得品牌主青睐，成为短视频达人的重要变现方式。

图2-8 微视频变现的主要方式——创意植入广告

微视频的本质就是用内容打造自己的IP，做内容就需要有投入，而第三方广告就是他们的产出。美即面膜携手papi酱的合作众所周知，除此之外还有咪蒙为联合利华旗下的舒耐量身定做的《见人法则》；小米手机的《凡先生的星座照相馆》；浦发银行的《我们的故事从没钱开始》；饭局狼人杀的《是谁刀了马

东》等，微视频服务商（创作者）与品牌主在大多数时候是相辅相成的。

在微视频广告玩得越来越出位的今天，冠名广告和贴片广告却悄然淡出我们的视野，取而代之的是以原生内容来做营销的植入广告方式。摒弃了生硬的品牌植入，以产品为核心来构思内容，让内容最终成为产品广告，这是原生广告与植入广告最大的不同之处。

创意植入广告有许多优势。首先，这些团队或者个人都是网红，网红产生优秀的原创内容，所以他们无一不具有强大的驾驭创作的能力，使他们的粉丝产生共鸣；其次，产生的流量相当大，我们假设有100万的浏览量，每个流量0.1元，只看一个单链接的推送，就高达10万元。

以上便是微视频的主要变现模式。对于微视频营销来说，只有在提供优质内容、保证内容变现的基础上，寻找最适合自己的变现方式。这才是整个微视频行业生态搭建、营销得以成功的固本之源。

2.4 600亿元市场的微视频风口将吹向何处

关于微视频行业的未来发展趋势，一下科技创始人韩坤曾经说过，“微视频未来的发展，不是几个产品的热度飙升，而是整个信息传播产业的大换血”。根据艾瑞、微视频白皮书等统计表明：到2020年，通过微视频实现的变现将会是现在的10倍，突破600亿元人民币。由此可见，微视频未来的发展趋势还是非常值得憧憬的。

那么，这600亿元市场的微视频风口将吹向何方？换句话说，微视频未来有什么样的发展趋势？

根据我近几年从事微视频营销的经验，结合各大资本、行业大咖对微视频的预测，在未来，微视频将呈现以下6个发展趋势。

有组织：从单打独斗到组织化机构化发展

微视频刚刚起步时，大家都是单打独斗，微视频创作者根据自己的兴趣爱好，独自创作内容，经营自己的微视频品牌。但是，在这个阶段，创作者的运营能力、长期规划以及商业化能力都还比较稚嫩，就算在圈子里小有名气，但是真正走向商业化的可能性是很小的。2016年，“MCN”（Multi - Channel Network）一词传入国内，YouTube的MCN模式在我国的微视频行业迅速被复制。一批微视频公司迅速MCN化，像经纪公司签约明星一样与个体微视频创作者达成合作关系，帮助他们进行推广，规划他们未来的微视频道路。

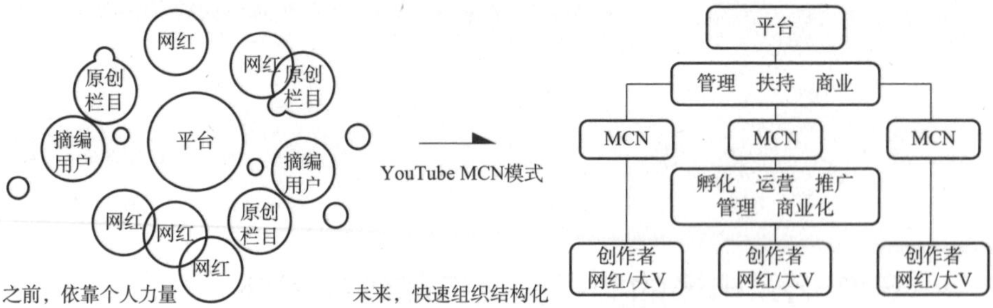

图 2-9　从之前的单打独斗向组织结构化转变

资料来源：一下科技短视频生态白皮书。

与单打独斗时期的微视频行业相比，MCN 模式下的微视频行业有组织、有纪律，也更受资本的青睐。自此，微视频行业正式进入 MCN 的大门。

2016—2017 年，一些网红大咖、视频门户网站等都在利用自身的流量优势，从单一内容生产者转型为 MCN。最典型的就是 papi 酱拿到了天使投资成立了 papitube，吸引了大批优秀的微视频创作者；新片场专门设置了 MCN 品牌魔力盒，孵化了一大批优秀的微视频创作者，也签约了一些网红；母婴类视频栏目“明白了妈”的母公司青藤文化，也开始拓展自己的 MCN 之路，视频内容不再只局限于母婴类，也涉足美食类和汽车时尚类。

MCN 一词在微视频领域传开后，不管什么人都能自称是 MCN 了。如今，有很多 MCN 企业都完成了融资，如 papitube 的“家长”泰洋川禾，以及“何仙姑夫”“快美妆”“门牙视频”等微视频鼻祖，都实现了不同程度的融资。

按照这样的发展趋势，未来的微视频行业会继续向 MCN 发展。

▣ 消费升级：从泛娱乐到垂直内容转型

微视频发展之初，大多数视频的主题都围绕着搞笑或者明星八卦展开，吸引流量非常简单，但是内容过于雷同，转换商业模式比较困难。2017 年起，做微视频的博主越来越多，微视频的题材也越来越丰富，如美食、彩妆、游戏等，截至 2017 年底，微视频创作者涉及 60 多个领域。在秒拍最新的统计中，观看率前50名的创作者里，搞笑类别的只有15个，剩下的35个创作者分别来自美食、美妆等领域。但是在2015年的秒拍排行榜中，名列前茅的基本上都是搞笑博主。图2－10为2015年和2017年微视频播放量分布情况对比。

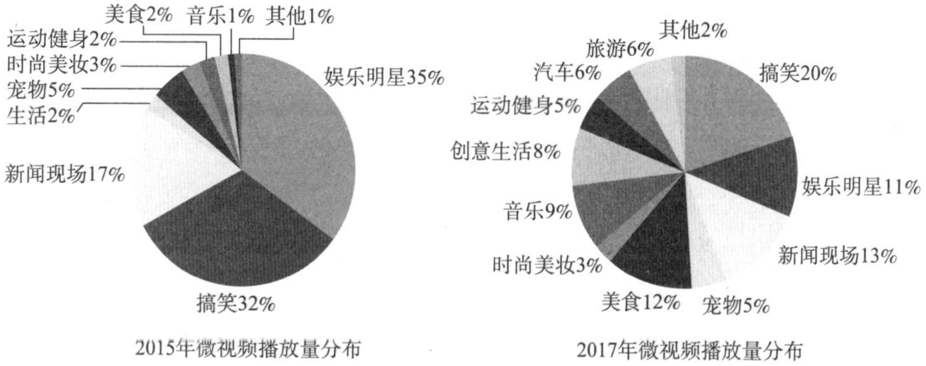

图2－10　2015年和2017年微视频播放量分布情况对比

2015年，娱乐明星、新闻现场、纯搞笑的内容流量占80%以上，但是到了2017年，这个比例已经下降到40%，说明垂直领域的内容正在蓬勃发展。在用户和商业的推动下，娱乐明星、纯搞笑等内容已经不再是市场的主流，用户对其他内容的需求也十分迫切。

随着微视频内容越来越丰富，许多有特色的APP也应运而生，让微视频市场的发展越来越多元化、精细化。根据自身特点精准划分领域，有助于实现差异化竞争，让市场更有规则，同时也有助于吸引更多流量，稳定更多用户。例如，主打体育的“秒嗨”；主推生活方式的“刻画视频”；专注财经的“功夫财经”；专注明星娱乐的“会火”等，就像人类发展需要分工协作一样，微视频领域的发展也需要分门别类，显示出更加丰富多彩的一面。

在这样的发展趋势下，过去那些低俗搞笑、毒鸡汤类的微视频内容，如果不做出改变，很快就会被淘汰，而那些创作力极强、内容丰富的微视频将是未来的趋势。

策略变革：从平台买断版权向孵化优质内容转变

以前，传统视频平台通常以购买微视频版权的方式获得视频内容，网站的头部用户吸引了大量的流量，加上一些热门影视剧和综艺节目的播出版权费太高，最后分到微视频板块的资金就没有多少了，不仅钱少了，流量也很难保证。虽然这些视频生产者依然可以通过售卖版权获得收益，但是对他们来说，没有任何广告愿意植入，这对于内容生产者来说，没有任何的成长和品牌价值。

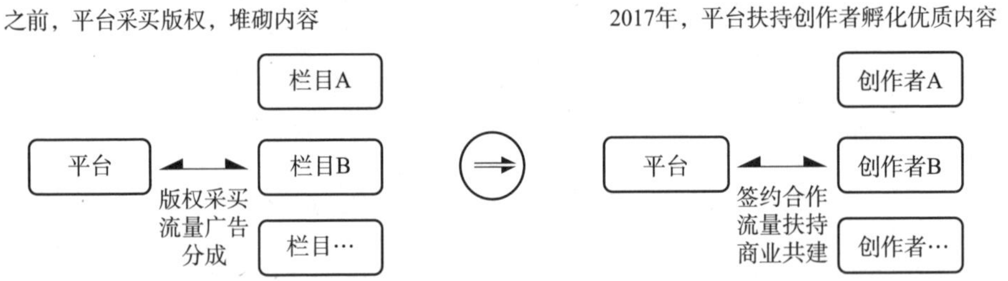

图2－11　从微视频平台买断版权向平台孵化优质内容转变

2017年，出现了一种新的微视频合作形式，即内容创作者和微视频平台签约，通过平台的商业影响力和流量推动创作者的发展，帮助他们吸引粉丝、树立品牌，然后进一步实现商业变现。这样，平台可以获利，创作者也有一个有保障的发展前景，一举两得。未来，这种孵化模式会像网红的孵化模式一样，成为微视频未来的发展新常态。

平台竞争：创作者对内容平台的偏好逐渐清晰

2017年不仅是微视频市场爆发的一年，也是微视频市场进化的一年，大部分微视频创作者逐渐由单平台运营发展为MCN（多平台网络）模式。也就是说，主要在1～2个平台上进行重点栽培，多家平台同步转发。内容创作者的需求无外乎流量、品牌和收入，哪个平台能够为创作者带来更多的利益，创作者就以哪儿为“家”。

在这三个需求里面，流量是创作者最看中的点。就传统视频网站来说，流量都被热门电视剧和综艺节目霸占了，微视频几乎讨不到一点好处，拥有庞大数量的平台逐渐成为创作者的首选。

除此之外，创作者还希望通过平台形成自己的品牌，把观众渐渐变成自己的粉丝，最终能够实现变现，获得更多的收益。只有流量，但是无法帮助创作者形成品牌的平台，内容流失率也很高。

每一个微视频创作者的最终目的都是商业变现，不管是售卖版权还是吸引"金主"投广告，抑或是开发周边产品，创作者希望方式越多越好。玩法越多的平台，自然有更多的创作者加入。

2017 年内容创业爆发，创作者对微视频平台的偏好逐渐清晰。通过对那些热门平台进行分析，商家和创作者首选的微视频平台主要具备以下 4 个特点：

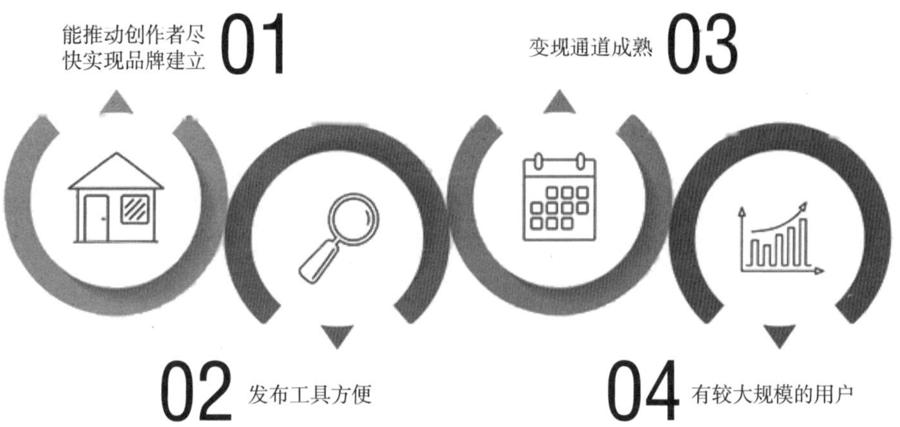

图 2－12　未来商家和创作者选择微视频平台的 4 个要素

变现探索：进入"微视频＋"时代

随着微视频关注度的逐渐上升，涉及的范围和行业越来越多，内容也越来越丰富，可以说，这个领域已经进入"微视频＋"时代。

第一个特点就是"微视频＋电商购物"的方式出现。很多电商从业者把微视频作为一个引流入口，通过微视频对产品进行全方位情景化的展示，从而刺激消费。目前，淘宝、天猫、京东等多个电商平台都开辟了微视频板块。根据淘宝官方数据表明，自从头图视频功能上线以来，大部分店铺的营收提高了 20% 以上。

除此之外，“微视频 + 旅游”“微视频 + 美食”“微视频 + 音乐”，甚至“微视频 + 农业”都收获了较高的热度。“微视频 +”时代，能够为各行各业提供更精准的营销方式，也让消费者更直观地看到产品。

在这种趋势的推动下，功能性应用和垂直领域服务 APP 的合作越来越多，“微视频 +”已经成为推动内容传播，实现变现的核武器。

算法更新：微视频与 AI 联系紧密

随着新技术的不断发展，搜索引擎已经不再是唯一的提高信息获取效率的方式，快手、火山小视频采用的兴趣推荐算法，也是近两年爆发的新的方式。遗憾的是，兴趣推荐算法虽然方便、快捷，但容易让用户困于信息里，不愿接受新的信息。

2017 年，360 快视频采用了一种新的算法——智能探索引擎。这是一种强化用户情绪感知和自由探索的方式。通过这种方法，快视频突破单纯兴趣推荐带来的牢笼，给用户提供更新奇和惊喜的内容。

由此我们不难看出，探索引擎是比搜索引擎和推荐引擎更高级的技术形态。

值得注意的是，虽然如今微视频行业的发展形势一片大好，但是质疑声也是此起彼伏。行业下一步需要考虑的是如何产出更多有吸引力、有价值的内容，以及如何让行业变得更规范、更整洁，从而进一步推动视频内容的传播，拓宽商业变现的渠道。

PART 2

运营篇

第 3 章　平台运营：微视频的制作和平台的选择

微视频平台存在的价值不仅仅是作为流量的提供者，还兼具微视频的运营功能。微视频的平台运营是运营工作的起始，对于微视频来说，平台运营的地位也不能小觑，因为平台是微视频的核心支撑。微视频平台运营包括制作运营计划、撰写脚本、拍摄微视频、制作微视频、选择平台、视频优化等工作。

3.1　从零开始做好微视频运营计划

微视频虽然没必要像传统电影、电视那样精心策划和制作，但为了让营销效果最大化，也并非拿着智能手机随便拍一段视频上传到视频网站就可以了。要想制作一段优秀的视频，完成一个成功的微视频营销，需要构思，更需要深思熟虑。

进行视频营销是一件很严肃的事情，这对于一些拿着摄像机东奔西跑的拍客或视频爱好者来说，或许会觉得惊讶。但事实就是如此，微视频也像电影一样，追求票房（流量）和转化率。它作为商家和企业在商业上的运营手段而存在，必然有属于它的商业运营计划。只有做好计划，才能发挥出微视频这一新兴移动社交媒体与众不同的作用，增强其不可替代性，进而形成市场优势——差异化优势、成本领先优势和目标聚焦优势。

那么，我们应该如何从零开始，做好微视频运营的商业计划呢？做好微视频的商业运营计划，需要做好以下三个方面的工作。

战略目标假设——我们运用微视频想做什么

对于商家或企业来说，营销有两个最直接的目标：品牌的曝光认知和产品的销售。无论企业选择什么样的营销方式，这两点都是最根本的目标。

微视频的定位有两种方法，第一种是直接在公众号上销售产品、提供服务；第二种是通过将公众号打造成一个知识分享、经验传授的平台，而后带动用户接受、认可产品或服务，如图 3－1 所示。

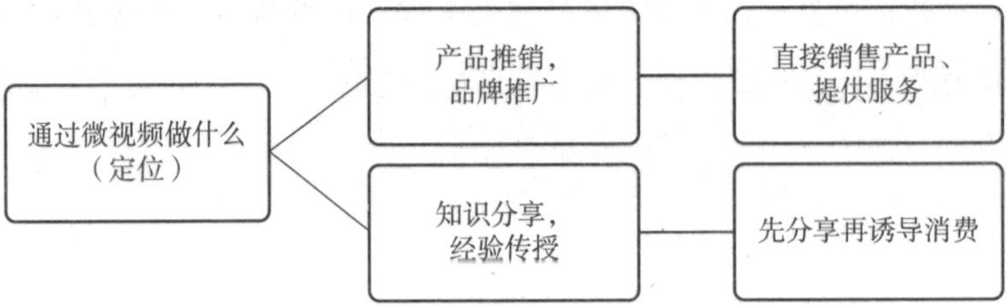

图 3－1　微视频营销定位的两种操作方法

产品推销，品牌推广

采用第一种方法定位微视频营销的企业，大部分是有成熟产品或服务体系的企业或机构，或者是某个产品的商家，或者是该产品的销售人员等。他们进行微视频营销的目的十分明确，就是促进产品服务与营销，如微团购、滴滴出行、杜蕾斯等。对于这样的运营者来说，直接以品牌或产品定位的确不失为一个好的选择。首先，有利于微视频的前期推广；其次，有利于后来顺畅的流量变现；最后，有利于产品、服务的营销。

◎ 知识分享，经验传授

对于一些初创产品或企业来说，微视频营销的定位应是分享知识或者经验传授，通过分享知识和经验，吸引目标用户，触发用户对产品的兴趣，引导用户产生购买行为。当你分享的内容让他人觉得有价值，他人就会开始信任你和你的账号了，并且会把内容与朋友分享，推荐给身边的朋友。例如，@小米手机通过微视频对小米盒子、小米手机、小米路由器等产品进行展示；开设小米微视频课堂，对小米手机便捷的使用方法进行传播；与粉丝在线问答，进行沟通互动；通过创意微视频进行品牌推广；通过在微视频文字描述框里加入商城链接，达到移动电商销售引渡的目的。

从目前来看，从始至终做到知识分享的微视频并不多。受传统商业观念和利益追求的影响，很多企业的定位“模糊”，很多运营者一开始还可以做到为大众着想，以普及知识、传授经验为主，后期就开始赤裸裸地打广告，这是最不可取的。

从本质上讲，微视频是一种传播媒介，而传播的实质是“传”，不是“播”。在具体的运营中，微视频运营者要让微视频不单单是企业及品牌的“发声筒”，而更应该是用户情感交流、需求满足的平台。

外部环境工作——运用微视频能做什么

外部环境主要从微视频的属性以及其他企业微视频营销的经验来分析。微视频核裂式的传播、多平台的分享等属性可以让企业的品牌快速传播，快速得到用户的认可。借助阿里巴巴和腾讯对用户移动端支付习惯的培养，用好微视频可以更好地实现移动端的商品出售。

内部实力工作——运用微视频要达到什么目的

在外部环境已经就绪的情况下，最终能否真正实现营销目标，这就要从企业自身的市场布局和团队建设来衡量了。

一是布局移动电商，建设移动商城。无论是企业手机官方商城、微信商城，还是淘宝商城，一定要增强用户的体验效果。

二是微视频运营团队的建设，不仅要喜欢玩微视频，更要懂得微视频营销的方法。企业可以让员工参加系统的微视频营销培训，最好能提供一年的跟踪落地指导服务。

三是弄清楚此次进行活动的投资规模，因为从微视频筹划开始到微视频营销结束，每一个步骤都需要资金，如果没有弄清楚微视频营销的投资规模，就很难将微视频营销顺利地开展下去，尤其是在微视频拍摄的时候，会出现一系列的麻烦。具体来说，商家、品牌和企业对微视频营销投入和产出的预估包括以下两个方面：

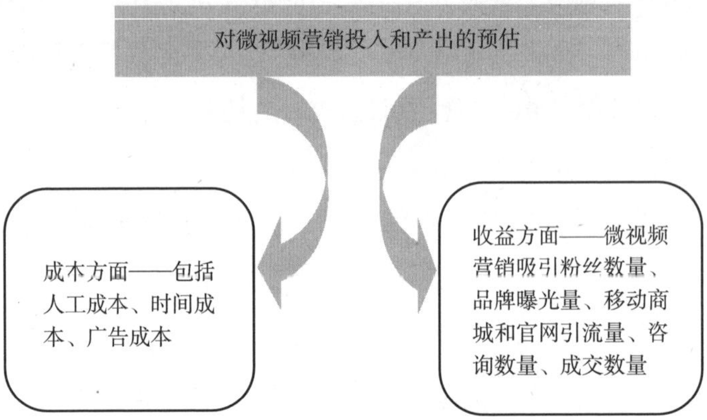

商家、品牌和企业需要在这两方面做一个规划，需要多长时间，投入多少资金，达到什么样的效果，并做成一份微视频营销的价值规划报表。这样一来，无论是老板还是员工，对微视频营销都会有一个清晰的目标，在执行的过程中也能够根据自己的实际状况预估是否能够达到这个目标。如果根据目前的执行策略不能在时间节点内完成预期的目标，就需要快速修改执行方案，以实现最终的目标。

所谓“凡谋之道，周密为宝”，要想做好微视频运营，我们首先要从一份商业运营计划开始。当你按照上面的步骤做好微视频的商业运营计划，接下来要做的就是按照计划，执行，执行，还是执行。

3.2 如何写好微视频脚本

“剧本就是一切”，这句话一点也不夸张，每一部伟大的作品后面都有一个伟大的剧本。这一点，对于微视频来说，同样如此。只是，由于微视频短小、精练，不像电影那般悠长，所以在行业内，大家都把微视频剧本叫作微视频脚本。

如果我们在制作微视频时，一开始就能拥有一个好的脚本，这无疑会对后面的微视频营销起到事半功倍的作用。而且，脚本在创作过程中可以说是最不需要花钱的，因此我们在做微视频营销前，务必要把“不费钱”的这一步骤尽可能地做好。

说到这里，可能有的人会提出质疑：我们做一个微视频才两三分钟，还用得着脚本吗？再说，我之前一直也没有写脚本，但也能拍出微视频呀？

这也是我在给学员们上课的过程中，听到最多的问题。我的答案是：当然要写脚本。脚本对于微视频营销的意义主要表现在以下三点：

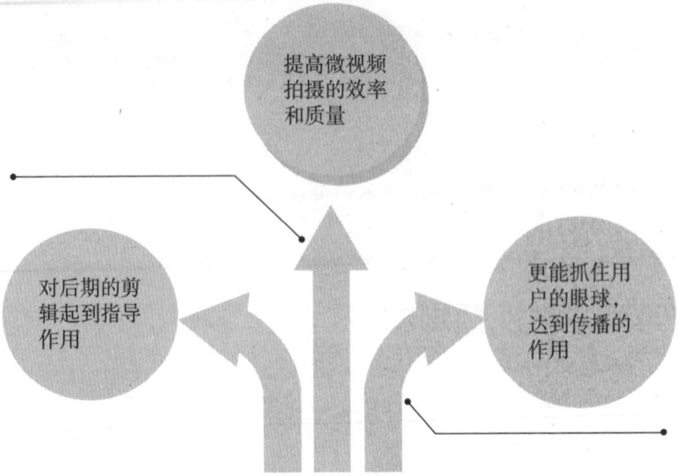

图 3－2　脚本对于微视频的三个意义

什么是微视频脚本

微视频脚本就是一个故事的最初模板，是我们在拍摄之前搭建的一个拍摄的框架。

微视频脚本大致可以分为以下三个类别：

拍摄提纲

所谓拍摄提纲，就是在拍摄之前把要拍摄的内容、产品或品牌列出来，形成一个初步的骨架。这就像我们上语文课时老师讲到的提炼文章的中心思想。

例如，我们要为某个产品拍摄一个微视频，在拍摄之前，我们就会想：我们拍摄的目的是什么？主题是什么？我们需要在一个什么样的环境下拍摄？拍摄的人物需要什么着装？道具是什么？这就是一个简单的微视频拍摄提纲。

这种微视频脚本的限制少，但对后期的指导有限，所以初期的淘宝电商可以使用这类脚本。

◎ 文学脚本

文学脚本是把我们需要用到的拍摄素材和一些剧情，填充到拍摄提纲中，让微视频脚本形成一个丰满完整的流程。

微视频的文学脚本基本写出了拍摄过程中所有的拍摄思路，但对于微视频营销来说，这类脚本有一个不足之处，就是这类脚本不会明确写出视频的人物需要说什么，只是将人物安排进去。所以，这类脚本一般适合做一些具体的产品营销。

◎ 分镜头脚本

分镜头脚本不仅涉及微视频完整的故事，还要把故事的情节点翻译成镜头。并且，在每一个镜头里，还要把许多拍摄细节写进去，如声音、光线、画面、字幕等。虽然分镜头是用文字书写的，但它已经接近影像，或者说它是可以在你的脑海里进行播放的影片。

分镜头脚本对画面的要求比较细致，在写这类脚本时比较耗时耗力，一般适合一些大的企业做品牌或产品营销。表 3－1 是康师傅方便面微视频营销的分镜头脚本。

表 3－1　康师傅方便面微视频营销的分镜头脚本

镜号	时间	电视画面	画面内容	镜头变化	旁白	字幕	对白			音乐	音响
							角色A	角色B	角色C		
9	2秒		镜头切换至另一组旧照片，放大镜从左往右移动，放大镜中的图像模糊，周围清晰	切换，摇镜头（与放大镜移动的方向相同）俯拍	你能看到的历史 162 年（起）	你能看到的历史 162 年右下角：1839 年照相术产生				柔和，轻缓的女声哼唱声	平缓

续表

镜号	时间	电视画面	画面内容	镜头变化	旁白	字幕	对白			音乐	音响
							角色A	角色B	角色C		
10	0.5秒		一张正在冲洗的清朝一对夫妻的结婚照片	切换至照片全景 俯拍 固定镜头	同上	同上				同上	同上
11	0.5秒		照片的近景逐渐呈现，与照片的全景叠在一起	叠画 固定镜头	同上	同上				同上	同上
12	1秒		照片中夫妻的近景全身像在泛起微波的药水中逐渐清晰	近景 固定镜头	同上	同上				同上	同上

如何才能写出一个好的脚本

关于“脚本如何创作”，我只想从一个营销人的角度来说说个人的建议。

◎ 研究

微视频营销是网络营销的一种，既然属于营销，就要符合营销的特性，其成败关键在于策划，在于研究。我们要对自己的企业、自己的产品、自己的市场、自己的客户群及客户群所在乎的因素都进行深入研究。我做过不少成功的视频营销案例，深刻地体会到研究越深，视频营销做得越好。

通过研究，我们可以初步知道怎样才能说出最真实、最深厚、最打动人的对话，在微视频里描述的内容、阐述的故事最能令人信服。

◎ 简单策划

在创作脚本的时候，不需要一开始就进入脚本的写作环节，只需要写一个故事梗概，然后将这个故事梗概给一起合作的朋友读一读，让他们提一些意见，然后产生一些新的想法，重新写一遍，将它拓展开来，再请朋友进行阅读，然后再重写。

千万不要觉得这个步骤很麻烦，其实脚本的创作跟写一部小说一样，只要大纲处理得当，在进行第一稿创作的时候，一切都会变得简单和容易，因为后面添加部分只是对故事情节的完善和填充。

◎ 观看影视作品

创作脚本需要灵感，这个灵感有可能来自我们生活中的经历，更多的时候来自平时的积累，这需要我们在空闲的时间观看更多的好电影、好视频，它们会告诉我们很多东西，如视频的思考方式和表述方式，告诉我们为什么这些微视频被消费者所追捧，也会带给我们很多灵感。

◎ 不断写作

尽管我不是编剧，但我深信要想创作出一个好的微视频脚本，除了反复写作、阅读、反省、重写，别无捷径。

写作微视频脚本的四个注意事项

每一个脚本都需要大量结构性的构思，但在构思时，我们需要注意以下四个细节：

◎ 注意成本控制

对于电影而言，可能电影圈内的人会指责低成本电影，因为从一定程度上看，低成本电影就代表着损害作品质量，压榨剧组成员，没有人主动拍摄低成本电影的，但微视频营销则不同，拍摄微视频的企业主人多数不愿意花费巨额资金来拍摄微视频，微视频制作投资规模比较小，一般都是几千块钱，即使遇上大一点的投资，也就 3 万 ~5 万元的投资，10 万元以上的微视频投资算是凤毛麟角了。

要想制作低成本的微视频，最关键的是最大化地利用资源，所以在设计故事和创作剧本时，需要考虑故事的“制作”问题。

◎ 别迷恋对白

原创机智、幽默风趣的对白的确是微视频营销的亮点，但角色的塑造主要还是通过他们的行为而非语言来定义的，所以我们在撰写剧本的时候，应该用尽量少的对白来体现出人的鲜明性格，用一个角色富有活力的行动来讲述一个好故事，而对白更多的是演员在表演时根据人物的性格自由发挥。

◎ 不要写太多

通常很多新手在写微视频脚本的时候，会写很多，恨不得把每个细节都写出来，然而，微视频脚本不是小说，没必要细微到每个动作，脚本不需要写太多，初步知道故事的发展就可以了，写太多就意味着阅读会变得乏味，而乏味是创作的天敌。

◎ 多原创少模仿

对于微视频脚本来说，一定要讲述属于自己的品牌或产品故事，多原创，因为我们身边有太多的故事、太多的案例值得我们去挖掘。当然，我也并不是否认模仿，如果真要模仿的话，我只想说一句：去模仿那些好的作品。

3.3 如何拍摄出优质的微视频

俗话说："巧妇难为无米之炊"，要想进行微视频营销，就必须先准备好素材，对于视频的来源，最简单的是借用他人的素材进行重新加工，最复杂的就是自己拍摄完成。

如何获取微视频素材

微视频素材是微视频的制作中不可缺少的材料，所以，收集制作微视频素材是我们要做的第一件事情。有许多途径可以帮助我们获取微视频素材，其中网络下载、视频录制、从手机设备（如光盘等）中复制、自拍自摄是最常见的途径。

◎ 网络下载

在信息爆炸的年代，互联网上的视频资源可谓五花八门、无奇不有，加上网络视频对素材要求并不高，的确算得上不错的视频素材来源。

◎ 视频录制

我们经常在微视频平台看到游戏视频或各类教程视频，这些视频并不是在操作的同时用摄像机同步拍摄完成的，而是利用屏幕录制软件，完完整整地将需要的内容录制成视频文件。除了游戏、教学等视频，对于实时在线播放的节目，如直播、聊天视频等，也可以通过录制屏幕的方式来保存。

◎ 从手机设备中复制

智能手机的普及，让摄影变得更简单，事实上，国内外有许多优秀的微视频就是用手机拍摄的，曾经就有人用手机来拍摄电影，经过多次拍摄和后期剪辑，最终制作了一部长达90分钟的“手机电影”。

◎ 自拍自摄

对原创性极强的微视频来说，自拍自摄才是最好的素材选择。随着数码摄像机（DV）、具有摄像功能的智能手机、平板电脑以及电脑摄像头越来越普及，自己拍摄素材制作原创视频已经不再是梦想，近几年，自拍自摄一跃成为取得微视频素材的最好途径。

视频拍摄需要注意的事项

如果商家或企业想要在微视频营销中表现得更好，只用从第三方获取的视频素材是远远不够的。许多时候需要根据自己的需求和意向来拍摄视频素材。那么在实际拍摄过程中，又需要注意哪些问题和细节呢？

◎ 人员的安排

微视频的拍摄制作与传统影视拍摄原则上是一样的，都必须在一开始就确定好拍摄过程中的相关岗位及人员。

导演：导演是微视频的总工程师，导演的主要工作是发掘引导剧组成员特别的天赋和灵魂，然后赋予他们独特的视角与总揽性的想法，并利用全剧组资源来寻求一个最好的讲述故事的途径。

制片人：对于低成本的微视频来说，制片人更像是生产车间主任，他工作的核心就是如何有效地组织整个拍摄工作，在保证拍摄过程顺利进行的同时，尽量不浪费每一分钱。

编剧：作为影视创作过程中的核心人员，编剧的主要工作就是编写创作剧本、设计角色背景、构思剧情台词等，在某些情况下，他们的创作甚至会影响到影视拍摄过程中其他人的行动。对于低成本的微视频而言，导演、制片人或主演也往往来充当编剧。

摄影师：微视频创作受成本影响组建不了一个分工明确的大摄影组，但还是需要摄影师、灯光师、摄影助理各一名。摄影师负责把控画面外观，务必使拍摄的画面展现出最佳效果。

演员：一旦开始微视频拍摄，第一个问题是剧本（或故事大纲）是什么，第二个问题是这个故事由谁来演。从微视频创作上来说，演员是连接剧本和观众的感情媒介，一个好演员和一个好剧本同等重要。

化妆师：低成本的微视频拍摄中，除非需要给观众留下深刻印象的镜头，一般不会特别关注化妆情况，但是对于类似伤痕、刀疤等特写，或者造型独特的角色，还是需要化妆师的配合。

服装师：微视频为了节约成本，在整个视频拍摄中，应该尽量少用奇装异服，如果剧情里有一些人物具有特殊职业，如银行职员、空姐、厨师等角色，服装方面就需要下功夫予以特别对待了。

剪辑师/后期：剪辑师与后期可以说是影片的第二导演，整个视频的剪辑和后期视频、音效的合成工作都是由他们来完成的。

◎ 拍摄注意事项

一旦剧组成立，成员到位之后，工作就会走上正轨，这时需要每个人各司其职，做好本职工作。但是想顺利展开拍摄工作，还必须注意以下两个方面。

一是确定拍摄流程以及需要的时间。剧组每个成员需要的工作时间和工作量各不相同，导致有些工作人员开工较早（如制片人、编剧等），有些人员则是开拍时才加入（如摄影师、录音师等），甚至还有人员会等到拍摄完成才加入进来（如剪辑师等），所以，更需要我们对每个阶段，甚至每天的工作人员都做好充分的安排，确定工作时间和流程。

二是执行。到这里，一个完善的拍摄团队就组建完毕，并且我们也做了很好的拍摄计划和拍摄流程，接下来要保证顺利完成整个拍摄任务，只有两个字：执行。我们要严格执行每一项预算，控制开销，尽可能按拍摄计划来完成每天的拍摄任务。

3.4 如何制作微视频

除了拍摄出优质的微视频，要进行微视频营销，我们还需要懂得一些微视频的制作方法。制作微视频的方法有很多，本节主要介绍一些常用视频工具的具体操作步骤与技巧。

制作微视频的工具有哪些

微视频制作工具主要有以下四大类：

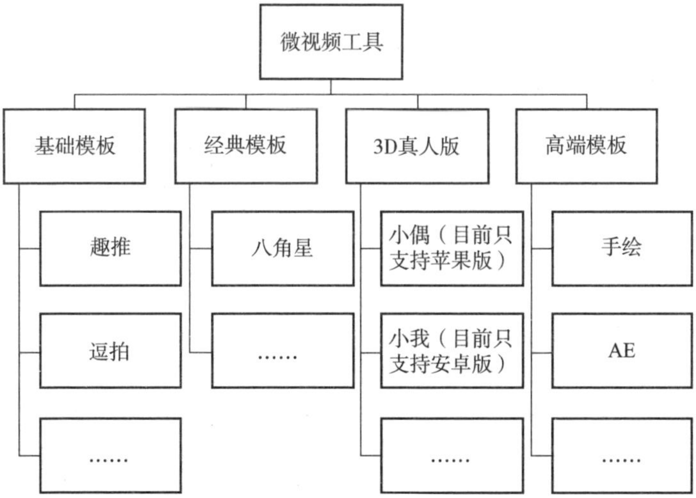

图 3-3　微视频制作工具的分类

除此以外，还有以下一些辅助工具。

◎ 彩视

彩视是一款综合的微视频制作工具，它带有直播功能。之所以推荐它，是因为它有一个添加片头片尾、视频场景的功能，而这些功能可以让我们做好的微视频像电影大片一样，看上去专业、大气。

◎ Cute Cut Pro

这是一款非常好用的微视频制作工具，它可以快速地添加微视频封面，视频和图片可以随意拼接以及精确裁剪。很多微视频制作工具在导入播放器里下载的音乐时非常困难，但 Cute Cut Pro 却很方便，它还可以自己直接录音、配音。

最重要的是，Cute Cut Pro 有一个高清导出的功能，这是其他制作工具不可企及的。大部分微视频制作工具导入一个高清视频后，经过加工再生成的视频分辨率要大打折扣，特别是需要压缩的视频，分辨率变低后根本无法操作，但 Cute Cut Pro 的高清导出功能却没有这样的弊端。

◎ 视频编辑工具

苹果版的有视频编辑大师，安卓版有乐秀（乐秀最好也选择收费版的），这些工具可以进行视频的剪辑、裁剪、添加字幕、添加特效、配音等一系列操作。

◎ 视频下载工具

在其他平台上发布的一些微视频，比如头条、微博等，如果我们想把它们下载下来，苹果版可以选择“文件全能王”，安卓版可以选择“QQ 浏览器”。

◎ 压缩工具

如今，在微信上发送微视频有一些硬性规定：

（1）视频时长超过5分钟在聊天窗口发不出去；

（2）视频容量超过20M在聊天窗口发不出去；

（3）朋友圈小视频超过10秒就发不了。

要解决以上弊端，我们就要用到压缩工具，而要把一个视频压缩得完美，就需要很强的压缩技术。

常用微视频制作工具的操作方法

下面介绍5种微视频制作工具的具体操作方法。

◎ 趣推的操作方法

趣推的操作有以下四个步骤：

第一步：下载趣推。需要注意的是，趣推下载需要有一个邀请码，否则你下载了也使用不了。在这里，我提供一个邀请码：166601。

第二步：安装注册。下载完后需要注册一个账户，使用我的邀请码“166601”就可以注册。

注册的具体操作方法是这样的：打开趣推APP，点右上角的注册，在跳出的页面输入推荐人的邀请码，然后填入自己的手机号，点“发送验证码”，输入收到的验证码，之后点“下一步”。进入设置密码页面，输入你想要设置的密码，重复输入一遍，然后点完成即可。

如果你想要制作出更多更有趣的小视频，可以开通店主，开通店主后就可以免费使用很多模板，并且可以直接去掉官方的水印。安装注册完成后，打开趣推APP。

第三步：熟悉操作界面。打开趣推APP，把能点开的都点进去看一下，如图3－4所示。

图 3－4　趣推 APP 的主界面

第四步：制作微视频。我以生日主题为例，来实操制作一个微视频。

具体的操作方法如下：

①打开 APP 首页，选择最上面有一个放大镜的搜索按钮，在输入框中输入“生日”，然后就会跳出很多与生日相关的模板，我们选第一个模板来做，点击最下面的制作，按提示更换图片和添加文字。这里可以编辑文字，也可以添加自己的微信号。

②点右上角的下一步，进入到一个新的操作界面。这里有更换音乐和滤镜及其他操作。我们就按自己喜欢的操作就好，比如添加几个字“祝米宝生日快乐”，点击“下一步”或保存。

③自动生成做好的视频，默认视频自动保存至相册。

这些只是基础的制作方法。要想把微视频制作得更精美，你需要系统地学习视频的压缩、视频的剪辑、视频的配音、视频添加字幕、视频拼接、视频添加特效等。

◎ 八角星的操作方法

当我们下载、注册后，打开八角星 APP，主界面如图 3－5 所示。

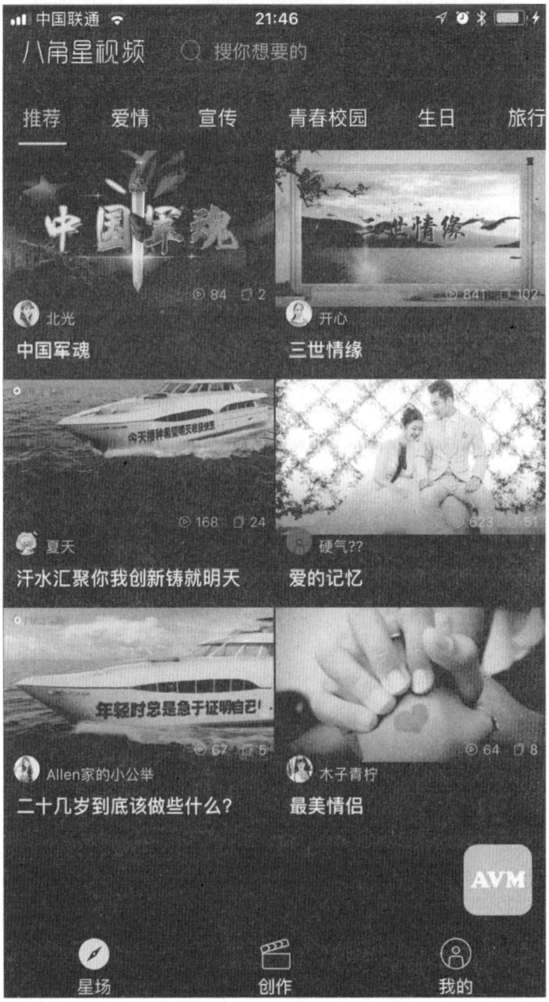

图 3－5　八角星的主界面

先熟悉操作界面，接下来进入制作微视频的步骤。

①点击最下面的“创作”，进入“创作专栏”模块，在这个界面里，有八个小工具，分别是：视频相册、创意 MV、节目制作、影片、朋友圈小视频、广告片、开场片头、自由创作，还有一个辅助工具 AVM，可以一键生成一个视频，很实用，如下图所示。

②以“自由创作”为例，请准备好要制作视频的一些素材，比如自拍的图片、视频或者从网上下载的一些素材。

③点击“自由创作”，再点击“使用本模板”，进入编排正片的操作界面。这个界面分为上中下三层：第一层是制作界面的预览窗口；第二层是一

排选择素材的标题，有视频、图片、素材库、文字四个分类；第三层是直接连到你的手机相册，这里把你的相册分类都详细罗列了出来，让你选择素材更加方便。

我们选择预先保存到相册的素材，添加完以后，在预览窗口我们长按住任何一个素材都可以随意拖动位置，并且可以单击删除选中的素材或者单个编辑选中的素材，编辑时可以为这个素材加特效和配音等，如下图所示。

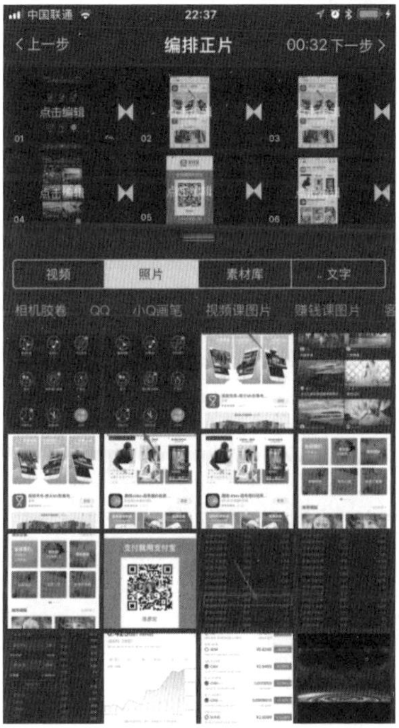

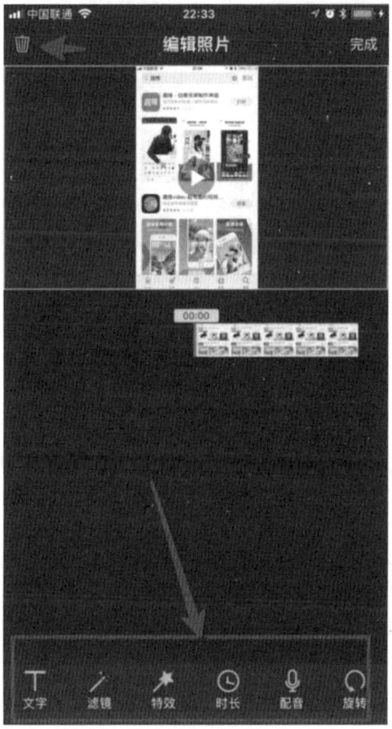

④素材编辑以后，再点右上角的“下一步”，进入配音的界面。这里有推荐音乐、本地音乐和在线音乐三个分类。推荐音乐是系统默认的配音，本地音乐是你自己下载到手机的音乐，在线音乐是可以搜索歌名进行添加的音乐。

选中音乐，点“使用”直接会进入“下一步”，或者点右上角的“下一步”也可进入最后一个界面，这里可以给视频添加片名，如果你有自己的水印也可以自己添加，还有一个“封面”必须要选，这是在星场显示的封面，然后点“开始制作”，如下图所示。

⑤制作完成后系统会自动提示，在“我的作品栏”里即可看到。打开作品观看，如果有不满意的地方，在这里可以直接点“编辑”修改。如果你已经保存过了这个作品，如需修改必须先点这里的“复制”。确认无误后再去点“保存”和“分享”。

如果只在八角星自己的生态圈里分享，不需要购买积分。如果要直接转发到第三方平台，比如说微信、微博，它会自带官方的水印。所以我们要去掉这个水印或者要解锁这个成品，需要购买积分，点右下角的“去八角星水印”和“升高清”按钮购买相应积分即可解锁。

“升高清”是做什么用的呢？因为有些做好的视频要到大屏幕上去播放，如果像素不够的话，大屏幕上就会很模糊，因此八角星提供“升高清”的功能就是解决这个问题。

做好后，我们再次保存一下，就会保存到相册，这时就不带官方的水印，你可以自由发送分享到任何一个地方了。

◎ 小偶的操作方法

小偶的主界面如图 3－6 所示：

图 3－6　小偶的主界面

在这里，我将以自己的真人形象为例教大家如何使用小偶制作微视频。

第一步：下载小偶 APP，安卓版本需下载“小我”。如下图所示。

第二步：下载完成后打开小偶 APP，在小偶首页点击“制作小偶”，进入拍摄页面。拍摄的时候眼睛尽量瞪大一点，否则细细的眼睛不太好看，拍摄的镜头会有一个十字瞄准框，眼鼻对准这个十字部位（苹果手机出现红色字提示就表示位置没调整好，出现绿色就可以了）。

点击有十字框的拍摄页面就拍下了你的形象，然后它会自动跳转，选择性别（当然性别可以自选，男性也可以做成女性版的）。然后点套装，选中任何一套衣服，连续点两下外面的穿着就全去掉了。然后再选旁边的发型，点两下也会去掉头发，然后站直把去掉衣服和头发的图片截图，打开美颜相机美化一下。美化好后点保存，然后再回到小偶界面。

第三步：回到小偶界面首页，继续从头开始，点制作小偶界面右下角的“相册”，从相册中把刚美颜好的照片导入（必须要正面的照片，否则形象会变成畸形），点对钩，选性别，导入后点完成，取个名，点对钩，然后开始换装把这个小偶打扮一下，点套装、点发型、点眼镜、点美瞳、点胡子、换上衣、换下装、换鞋子一系列操作完毕后，一个新的形象诞生了。

第四步：回到打扮好的界面，点摄像头图标，选中一个模板，打上对钩（灰色的自动会下载），然后点我来配音，要加字的话需点击“添加台词”。录完后松手，就看到生成进度，然后点分享，在跳出的界面点存储视频，就会自动保存。

第五步：更换视频背景。打开小偶的首页，选左下角的我，然后点下面的第二个摄像机图标，选中一个视频模板，再选右上角图片图标，在跳出的界面可以选择拍摄背景和已有的背景样式。跳出的界面可以直接拍摄或选右下角的相册，找到事先保存到相册的背景即可，后点配音或分享到，就开始合成进度，合成完之后点分享按钮，在跳出界面点存储视频即可。

第六步：3D 真人头像制作。回到小偶首页，点左上角的照相机按钮，会有一个三连拍的功能，然后点第一个保存到本地相册，在做视频的界面也可以三连拍，这样就可以拍下你的剧照了。

第七步：做 3D 头像。点击最下面一排的图片图标，就会自动生成 60 个

3D 头像，单个点击，然后保存到本地相册即可。

第八步：制作表情。回到首页，点击最下面的表情，就会自动生成很多表情，点击任何一个，即可分享到微信或 QQ 等其他平台。

第九步：去掉小偶的水印。没处理过的表情有小偶的水印，也就是后面有一个小偶的尾巴，所以我们还要去掉小偶的水印。方法有三种：

①由 APP 分享到 QQ，在电脑端的 QQ 上打开表情大图，记住是打开表情的大图，看到它在动，然后临时另存至桌面，从电脑端微信发出来，就可以了。

②微信需要电脑和手机同时在线登录，表情分享到手机端“添加表情”，再用电脑从添加的表情列表里发出来是没有水印的。删掉手机原来保存的表情，重新添加电脑发出来的没有水印的表情。

③如果发到微信需要用到安卓手机和苹果手机，则需要把表情发到安卓手机上后安全退出微信账号，再用这个微信账号去苹果手机登录，这时候把我们添加的表情发出来，就没有水印了。

◎ 彩视的操作方法

彩视的具体操作方法如下：

第一步：下载彩视 APP 后，打开页面，熟悉整个 APP，如图 3－7 所示。

第二步：点击主界面的“＋”号，里面有三个选项：一是做短片；二是做影集；三是开直播。在这里我以做短片为例。

第三步：在“短片”界面，点击“自己创作”，下面也有一些别人的作品，如果你觉得别人的模板不错，也可以点进去直接照做，就把内容改成自己的就行。在这里，我建议大家自己制作。点击“自己创作”以后，会到一个新的界面，这里面就是选择做视频的素材，直接连通到你手机相册的，可以选择图片或者视频。

第四步：选好素材之后点“下一步”，进入到一个片名、导演、主演的填写，就像做电影一样。按提示给这个视频取一个片名，填上导演和主演的名字，然后点击“下一步”，出现导入进度，提示正在准备素材。

图 3-7 彩视的主界面

第五步：导入成功后进入到制作页面，这里只有四个选项：一是继续添加其他素材和照片；二是有一排其他的操作选项，如素材音乐和顺序；三是视频制作过程中的预览窗口；四是存草稿和生成按钮。素材就是添加片头和场景。音乐就是给这个视频配音，搜索自己喜欢的音乐直接导入即可。顺序就是移动素材的前后顺序。

第六步：在操作界面每点开一个素材，就会进入到一个独立的操作修改页面，默认会有一个片头让你添加，点击打开这个片头，里面还可以细操作，可以添加特效、调色和自定义背景，还可以编辑文字，如果不需要可以直接删除。

第七步：素材按顺序都排好之后，就添加一首好听的配音，然后直接点生成。点击生成后有一个视频清晰度的选择项，选高清需要开通会员，我们选标清就好，然后就会有一个生成进度。进度完成之后，可以直接分享到彩视的朋友圈。点右上角的分享，它会跳出一个分享到第三方平台的选择页面，你可以选择微信、QQ或微博把视频分享出去。分享出去之后，系统默认会把做好的视频保存到本地相册。

◎ 视频编辑工具的操作方法

这是一个处理视频的工具，可以添文字、配音、裁剪、添加商标等。操作方法如下：

第一步：下载安装完成以后，打开APP熟悉一下整个操作界面，如图3－8所示。

图3－8　视频编辑工具的主界面

第二步：点左下角“裁剪”，跳出来一个正方形的方块，这个方块的左右上下都可以移动，你可以把不要的部分裁剪掉，在这个框框外面就是被裁掉的部分。

旋转是把视频转个方向，要么横着放，要么竖起来。

字幕是添加文字的，可以添加三段文字，就是三个位置段，字体大小、格式、风格都可以选择。

正方块是视频的填充度。形状可以选心形、圆形、方形、五角星等形状。

配音有默认的音效，就是本 APP 自带的音效，还有连接苹果商店的音乐和相册的音乐，也可以是自己录制的声音。

边框是在视频外面加一个框框。

3.5 如何选择合适的微视频平台

当我们制作好微视频后，平台的选择对微视频营销非常重要。要进行微视频营销，就必须依赖于一个平台。

所谓微视频平台，是指在完善的技术平台支持下，让互联网用户在线流畅发布、浏览和分享微视频作品的一个平台。要想做好微视频营销，离不开微视频平台，国内目前能上传和播放微视频的平台大大小小有200多个，很明显，我们不可能将微视频在每一个视频平台上都上传，也没有必要对每一个微视频平台都进行了解，我们只需要抓住其中几个权重高、流量大、有影响力的视频网站就可以了。

微视频平台的三大分类

在移动时代，微视频行业几乎成为社会的经济支柱，各大平台为了突出重围不约而同地进行了差异化战略，出现了不同侧重的平台类型，主要可分为以下三类：

事实上，关于微视频平台的类型，前面为大家分析微视频的产业链时，已经简单地讲述过。在这里，主要以美拍、小咖秀、梨视频作为三种类型平台的代表，通过研究它们的发展模式，总结其中的共通点，为商家和企业做微视频营销时选择平台提供参考。

图 3-9　微视频平台的三大分类

◎ 社交类平台——美拍

对于微视频营销来说，微视频的社交属性不容小觑。例如，陌陌最近的广告语“视频社交，就在陌陌”，就很说明问题。于是，很多平台都开始看好视频社交的长处，主打视频社交。以美拍为例，美拍延续了美图秀秀和美颜相机的功能，并对用户的心理进行细致的研究，终于成功地从一个工具类产品转型为社交类产品。

在美拍里，用户可以根据自己的喜好随意拍摄视频、剪辑视频，甚至添加滤镜和背景音乐，制作属于自己的大片，过一把导演瘾。美拍不断升级产品，增加特效种类，让用户在制作视频的过程中感到更开心、更有趣，增强了用户黏性。

用户制作好的视频除了可以在美拍平台上展示，还可以实时分享到微博、QQ 空间、朋友圈等社交平台。美拍最大限度地尊重用户的习惯和喜好，一经上线就成为爆款。据统计，美拍上线 9 个月，用户就达到了 1 亿，增长速度令人咂舌。

像美拍这类平台主打社交功能，通过 UGC 模式获取用户参与，不断由中心向外辐射。他们对用户的心理有很精准的把握，打造专属社区，满足了用户追求个性、与众不同的需求，也为大众提供了一种新的娱乐方式。

综上所述，以美拍为例的社交类微视频平台对营销的优势可概括为图3-10所示的两点。

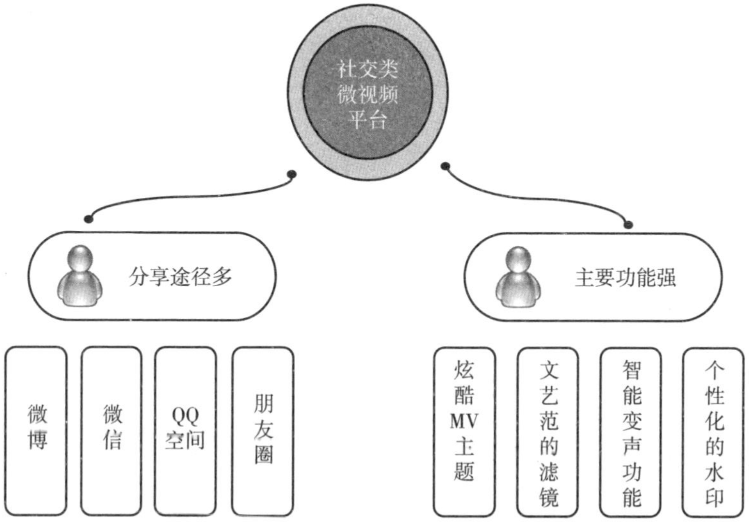

图3-10　社交类微视频平台对营销的两大优势

与静态的图文消息相比，视频的形式更能吸引人们的注意力，对内容的表现也更生动，用户更容易接受，这些都是社交类平台得以延续的关键，同类型的平台还有秒拍、快手等。

◎ 功能类平台——小咖秀

要说不走寻常路杀出一片天，小咖秀可以说是非常成功的。小咖秀是一款娱乐搞笑APP，用户可以在平台上进行对口型的活动。这款应用由“秒拍”团队独家推出，拥有大量的素材库，如歌曲、相声、电视剧片段、电影片段等，不仅吸引了一大批流量，连一些一线明星们也爱不释手。

小咖秀提供的素材本来就非常夸张，用户发挥的空间很大。用户通过平台制作一些搞笑的视频，来满足自己的娱乐或者说是“虚荣心”，这是小咖秀和其他微视频平台最不一样的地方。如果说其他平台专注于分享，那么小咖秀的定位就是搞笑。它们瞄准“80后”“90后”这一目标用户群，进行精准营销，打造了一个娱乐解压的平台。

小咖秀自2015年上线后，仅仅用了两个月的时间就冲到APP store榜首的位置，迅速成为爆款。如“五环之歌”和“这太难了，一点也不简单”两个素材一度成为模仿大热。小咖秀不断更新素材库，开发新功能，弥补了最初不能剪辑视频以及缺乏互动的遗憾。除此之外，小咖秀还和东南卫视联手打造了大型娱乐节目《魔王小咖秀》，通过整合营销的方式，继续扩大自己的影响力。

现有的功能类微视频平台，专攻娱乐功能，模仿秀和K歌是比较常见的两种类型。就小咖秀而言，它还没有完全实现社交类向功能类的转化，小咖秀目前的特点可以理解为社交类平台的延伸。

总结起来，以小咖秀为例的功能类微视频平台对营销的优势主要表现在以下三个方面，如图3－11所示。

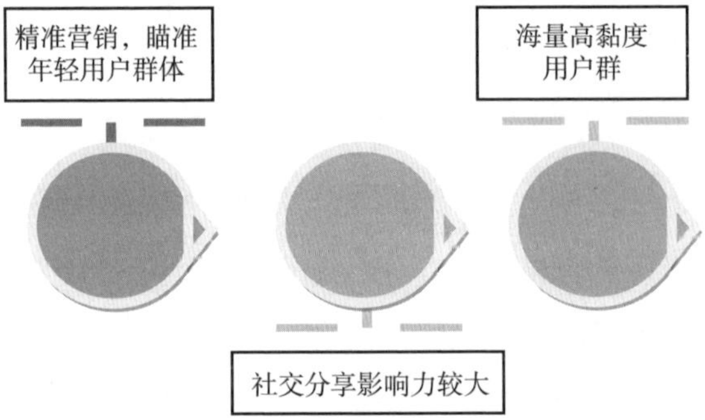

图3－11　功能类微视频平台对营销的优势

之所以把这一特点拿出来单独介绍，是因为功能类平台的发展绝对不会止步于此，未来可能会出现新的模式，甚至是更专业的模式。做到从娱乐化向工具化方向进步，开创特有的使用价值，是这类平台吸引流量的关键。

◎ 资讯类平台——梨视频

视频作为新闻、资讯的传播途径之一，早就被行业内认可。在微视频如此火爆的今天，各大新闻平台也开始涉足微视频，开设微视频新闻专栏。相对于传统媒体静态的新闻报道，微视频不仅能够生动地表达信息，还能高度还原新闻现场，保证新闻不失真。

邱兵离开东方早报和澎湃新闻后，自主创业成立了梨视频项目，原澎湃新闻主编李鑫、澎湃人物主编卢雁也加入了这个非常具有生命力的团队。有了专业的团队带领梨视频进入微视频市场，凭借他们敏锐的新闻直觉，以及资讯类微视频还是空白的优势下，梨视频很快就成长了起来。

梨视频最初主打时政要闻和突发新闻，这一定位一时间获得了业内人士的大力赞赏，也正因为如此，梨视频才能迅速突出重围，在微视频行业站稳脚跟。梨视频拥有专业的团队，成熟的运营理念，可以说在各个方面都非常具有竞争力。后来由于没有取得互联网新闻信息服务资质、互联网视听节目服务资质，梨视频被相关部门责令整改。整改之后的梨视频，把注意力转向大众生活和社会时事。梨视频的出现满足了微视频领域对咨询类平台的需求，日后将会发展得越来越全面。

总结起来，以梨视频为例的资讯类微视频平台，适合于目标用户群体为高端用户的商家或企业。

在以上三类平台中，资讯类平台是娱乐属性最低的一种，它主要看中新闻的价值。不同的垂直领域也有细致的划分，例如，抖音社区还专注音乐资讯的分享；萌物星球专门开辟了萌宠板块；第一视频专门列出经典的社评。这类平台的运营，也有 UGC 的空间，但是他们更看重专业性，对内容选择和表达方式都有更专业的要求，在取得一定的社会认可后，会有更好的发展。

微视频平台的用户分析

除了分析各类微视频平台的特点和对营销的优势，我们还要对微视频平台的用户进行分析，这样才能根据自己的产品所匹配的用户群体选择合适的平台。

2018 年 1 月，业内人士对微视频领域进行了大数据调查，发布了《中国移动短视频市场专题分析 2017》报告。主要内容就是对微视频市场过去一年的观察和分析，如市场现状、典型代表、市场趋势等，对未来微视频行业的发展起到了指导作用。调查表明，秒拍作为国内最大的微视频平台，以61.7%的用户渗透率排名第一位，第二位和第三位分别是头条视频和快手。

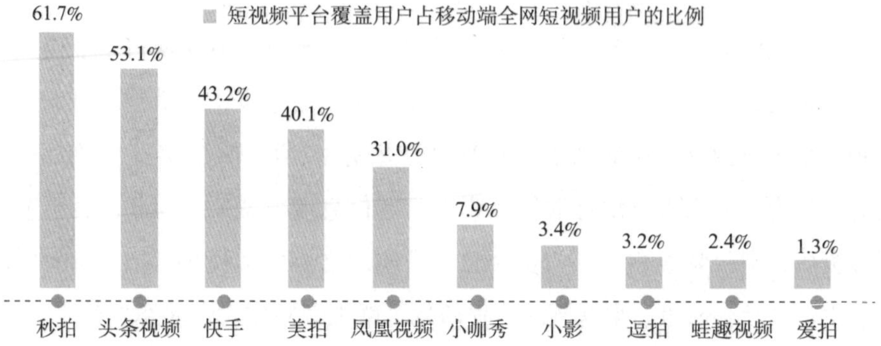

图3－12　2016年12月移动全网短视频平台用户渗透率TOP 10

除了渗透率，用户的性别和年龄也是商家和企业进行微视频营销需要重视的内容。根据报告的数据显示，微视频综合平台的用户大多数是女性，30岁以下的用户占据半数以上。

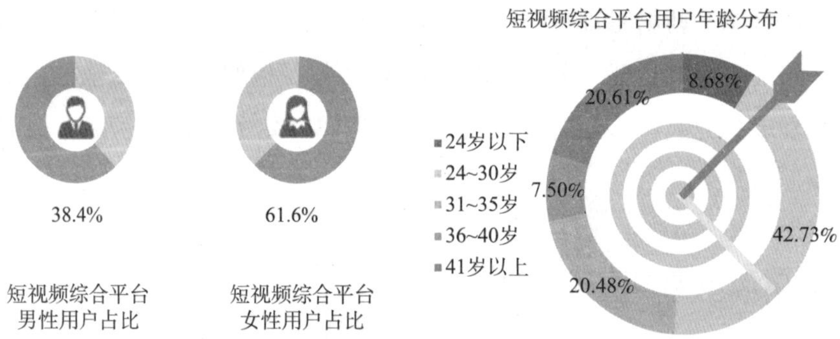

图3－13　微视频用户的性别和年龄分析

从地域上来说，微视频综合平台的用户主要分布在一线和二线城市，图3－14为微视频平台用户使用量排名前十的城市和地区。

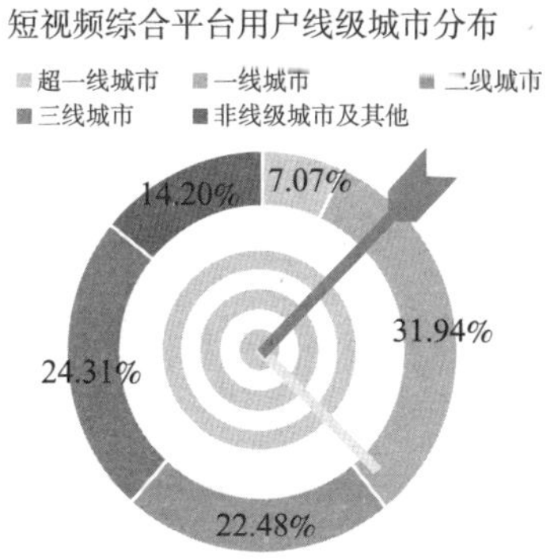

短视频综合平台用户分布省份&城市TOP10

省份	分布占比/%	城市	分布占比/%
广东	9.03	沈阳市	2.20
河北	8.48	石家庄市	2.12
山东	7.58	北京市	2.10
辽宁	7.11	哈尔滨市	2.05
河南	6.24	广州市	2.03
黑龙江	5.24	天津市	1.92
江苏	4.87	深圳市	1.58
吉林	4.43	成都市	1.51
四川	3.87	长春市	1.49
浙江	3.71	重庆市	1.37

图 3-14　微视频用户的地域分析

从消费场景来看，日常消费占 63.76%，高居榜首，紧跟其后的是教育学习类平台。

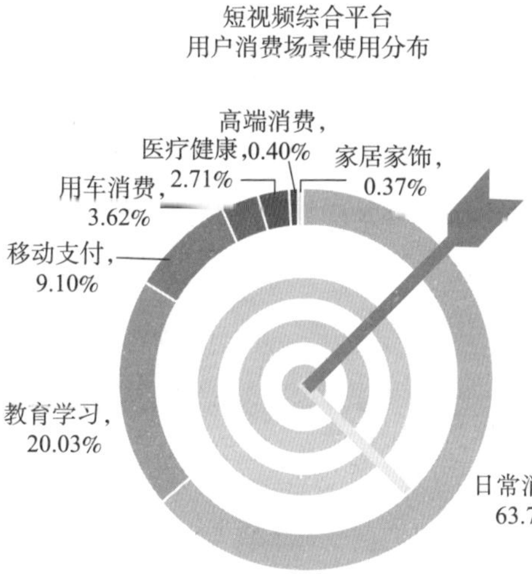

图 3-15　微视频用户的消费场景分析

通过上面的数据统计，商家或者企业可以综合考虑自身的条件和特点，选择一个适合自己的平台并不难。

商家或企业挑选微视频平台的三个维度

了解了微视频平台的类型和特点后，作为商家、品牌或者企业，应该如何选择适合自己的平台呢？业内有这样一句话，“平台选得好，投资回报早”，微视频平台选的对不对，直接关系到接下来的营销是否能成功。

在大多数情况下，很多商家在挑选微视频平台时，首先会百度一下，按照火热程度来选择。这种办法固然有效，但却没有实质性的作用。下面向大家提供一些关于选择微视频平台的方法和建议，商家或企业选择微视频平台可以从以下三个维度入手：

首先，微视频平台的覆盖面。企业可以注意那些用户人群跨度大、流量多的微视频平台。

其次，微视频平台的权重。该平台的权重越高，流量就越大，流量越大，能带来的经济效益就越可观。

最后，微视频的客户体验。企业当然要首选那些客户体验好的平台。

除了微视频平台，目前微博、微信和贴吧等传统社会化媒体，在文字图片的基础上，也开通了微视频功能，企业也可以考虑这些平台。

3.6 如何进行视频优化才能达到二次传播

很多人认为做好微视频后只要下载几个微视频 APP，注册一下，然后将准备好的微视频上传就可以了。确实如此，微视频上传就是如此简单，但同时需要注意的是，每天上传到小咖秀、秒拍、抖音等微视频平台的微视频数不胜数，并非所有的微视频都会带来很大的流量，实现变现。甚至有的微视频还来不及被人关注就淹没在茫茫的微视频之中了。让你上传的微视频被更多的人浏览到，甚至点击观看，并非易事，需要我们在视频的优化环节下足功夫。

下面我们将重点介绍微视频优化过程中的一些注意事项，之所以用一个章节来对这个问题进行阐释，是因为搜索引擎对微视频营销的成功与否起到了至关重要的作用。根据有关统计数据显示：大约 1/3 的微视频浏览是通过搜索带来的，更令人吃惊的是，从 2008 年开始，搜索引擎已经成为视频浏览的主要驱动因素，而这种驱动因素的作用仍在不断提升。因此，对于微视频营销来说，做好视频的优化工作格外重要。

每个微视频平台都有不同的搜索排序，趋势顺序大同小异，影响微视频排名的因素无外乎关键词、发布时间、播放次数、参与程度等。

关键词优化

影响微视频优化最关键的因素之一便是微视频的关键词，尤其是微视频的标题和专辑标题中包含关键词，对微视频优化最为关键。因此，在上传微视频之前，需要一定数量的关键词做准备，而关键词的选择和配置则跟搜索引擎优化（SEO）有一定的相似性。

◎ 选择关键词的基本原则

对关键词进行筛选和确定，主要基于两个目的：一是当目标客户群在搜索与微视频相关的产品和服务时，能够使你的微视频在搜索中排序位置靠前；二是使观看微视频的受众更加精准化。微视频关键词的选取，需要遵循以下三个原则：

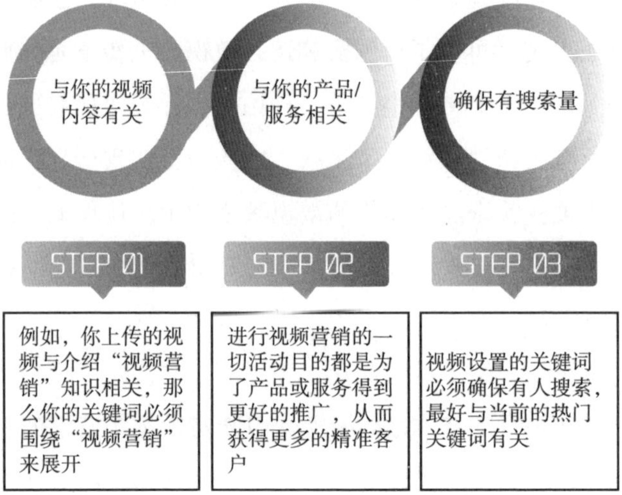

图 3－16　微视频选择关键词的三个原则

◎ 选择关键词的方法

微视频关键词的选择方法和网站优化时关键词的选择方法类似。

第一步：列出核心关键词。核心关键词是指微视频极力推广的关键词，这些关键词非常容易搜索，主要围绕产品/服务展开，例如，我的工作是微视频营销老师，从事微视频制作培训、微视频营销等，那么，这些服务项目都可以成为微视频营销时的核心关键词。

同时，我们所确定的关键词必须与微视频内容密切相关，不能在上传一个“微视频营销”的内容视频时，却将“微博营销”作为核心关键词罗列出来。

第二步：拓展关键词。关键词确定之后，接下来就是对关键词进行拓展，关键词的拓展本质上是对其进一步发掘，仍然以“微视频营销”为例，可以将“微视频营销”进一步拓展为“微视频营销案例”“微视频营销技巧”“微视频营销策略”“网络视频营销”“微视频运营”等。关键词拓展最常用的方法有以下四种：

方法一：相关搜索

在百度或Google的搜索框中输入核心关键词，搜索框就会自动显示与此关键词相关的一些搜索建议词，也可以在搜索结果页面的最下面看到搜索引擎所给出的“相关搜索”。

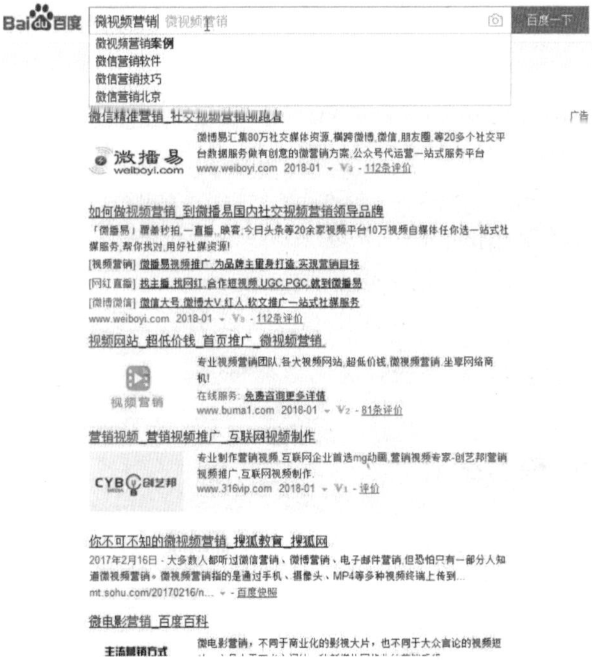

方法二：使用关键词工具

最常用的是通过Google关键词或百度指数工具，通过这些关键词工具，我们只需要输入核心关键词，就可以罗列出几十个相关关键词。

方法三：从视频内容中提取关键词

从要上传的微视频内容中提取关键词也是比较常用的一种方法。例如，要上传的微视频是关于服装穿搭的内容，那么你可以将关键词拓展为“服装穿搭技巧”“如何穿搭”“服装穿搭微视频教程”等。

方法四：使用百度知道等问答平台

使用百度知道等问答平台是进行设置和拓展微视频关键词最常用的工具，也是最有效的工具。例如，我们在百度知道搜索框里输入“微视频营销”，在百度知道搜索页面上，很快关键词就可以拓展为“如何做好微视频营销策划”“如何用微视频营销引粉”等。

第三步：关键词的选择和整理。经过“核心关键词的确定”及“关键词的拓展”两个步骤，会罗列出几百个甚至上千个关键词，然而，不可能将每一个关键词都设置在微视频中，这时候就需要对这些关键词进行筛选和整理。

如何对关键词进行筛选和整理，关键是依照上传微视频的内容进行考虑，如果上传的微视频是关于“产品营销”的，那么在选择关键词时，就应该从“产品＋微视频”的角度入手。

微视频的发布时间

微视频的发布时间对微视频优化的影响也至关重要。微视频发布的时间越近，微视频权重越高，对微视频优化越有利。

微视频的播放次数

提高微视频的播放次数有两大优势，既有利于在搜索引擎中优化视频，同时如果播放次数多的话，微视频就可能进入平台的“最热播放”排行榜，如果成为热门视频，还有可能在首页或其他平台展示，从而进一步提高微视频的播放次数。

“最热播放”排行榜可以分为“每日最热播放排行榜”“每周最热播放排

行榜”“每月最热播放排行榜”。首先要保证你的微视频进入“每日最热播放排行榜”，接下来再考虑如何进入“每周最热播放排行榜”“每月最热播放排行榜”。要想让你的微视频进入“每日最热播放排行榜”，最快的方法就是让你的微视频在最短的时间内有更多的人观看。

从微视频的流量分析，一部分来自搜索引擎，还有一部分来自微视频推广，搜索引擎我们在前面已经重点介绍，关于微视频推广的内容将在后面章节详细介绍，此处不再赘述。

微视频的参与程度

微视频的参与程度对微视频优化也有一定的影响，微视频参与程度考虑的因素包括微视频的收藏量、微视频被“顶”的次数、微视频的评论数。当然，微视频的参与程度又与微视频的播放次数，以及微视频的内容有密切的关系。

第 4 章 用户运营：提升微视频用户的黏性和活跃度

移动互联网时代，得用户者得天下。任何企业，只要拥有足够大基数的用户，就会有强大的衍生能力。人们常说，微视频营销就七个字：产品、流量、转化率。做好微视频的用户运营，就能够有效提升流量和转化率。由此可见，用户运营是微视频运营最重要的一环。

4.1 用户运营需要具备的三大思维模式

要做好微视频的用户运营，商家或企业需要具备三种思维模式，即游戏化思维、场景化思维、平台化思维。

游戏化思维

如何让用户对你的微视频产生兴趣，最关键的就是让他们能在游戏中获得参与感。游戏的精髓就在于通过引人入胜的规则，使用户在这些法则下产生参与体验的冲动，也就是所谓的“套路得人心”，从而使用户进入提前设定好的脚本，这样便达到了顺水推舟的营销效果。

具备游戏化思维，对于微视频运营人员来说非常重要，它能够帮助我们处理看似朦胧的用户关系，从而建立起行之有效的用户引导方案。游戏化运营思维引导我们从以下三个维度思考问题。

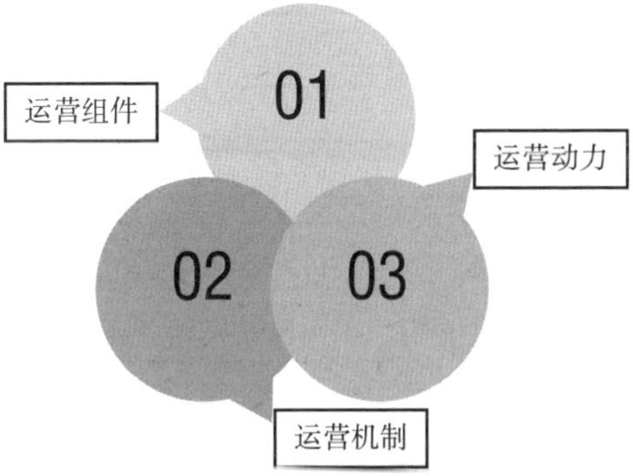

图4－1 微视频用户运营运用游戏化思维的三个维度

运营组件具体展现了微视频的形式，如头像、剧情、升级、任务、队伍、虚拟商品等组成部分；运营机制则相当于这些组成部分的实现方式，例如，内容的呈现方式可能是竞争挑战、奖励机制，队伍的呈现方式可能是合作机制、交易机制等；运营动力则是机制和组件的宏观内涵和基本需求，如社交关系、情感、剧情进展等。

对于微视频的运营人员来说，如何吸引一个“00后”的兴趣，提高内容类的用户活跃度？其实只需要以下的思维回路就可以完成这样一个游戏化的思考路径：

首先明确需要解决的问题是“用户活跃度”，目标是“提升”，那么我们可以拆解的影响“活跃度提升”的组件维度是阅读内容、点赞、文字评论、UGC。明确了组件，我们再看目标对象是谁——“一群年轻的互联网新生力量00后”，他们的核心动力是个性化、自我认同，行为习惯是看视频、选择性浏览。

基于以上结论，我们运营游戏化思维去设定运营的机制，可以拆解出几

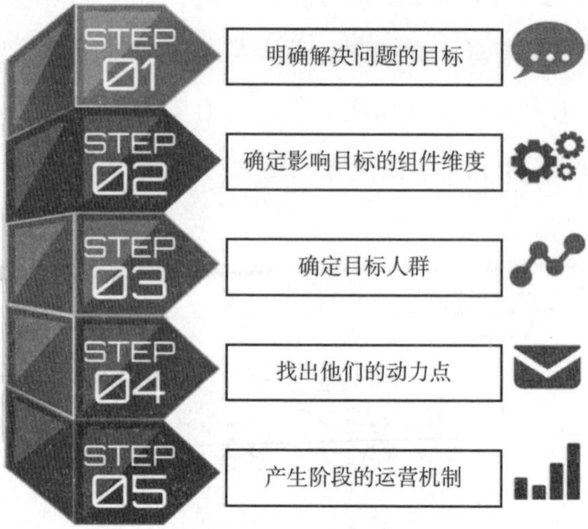

图 4-2 思考路径

个延展问题：

问题：如何推动具备个性的“00 后”更好地阅读内容和使用功能？

方案：筛选阅读、精品推荐、新手引导。

问题：如何通过功能让用户产生自我认同行为？

方案：分享获得勋章、阅读等级制、神评论活动。

问题：如何驱动用户在执行阅读任务后获取即时利益？

方案：阅读积分、UGC 阶梯奖励。

从以上的拆解，得出了提升活跃度的初步思路。然而，要想真正地把运营游戏化“玩”出层次和段位，我们还需要具备另外一种思考维度：场景化思维。

场景化思维

游戏化本身就是具备场景的。目标、规则、结果反馈，每个环节都是场景的组成部分。吴声老师说：“产品既是媒介，也是场景。”对于微视频运营人员而言，具备场景化思维是非常关键的。

那么场景到底是指什么呢？我给出的定义是：需求结合商业，在虚拟世界和现实生活中形成多样的价值连接方式。

通过上面的定义即可了解：用户诉求的体验感得到满足，这是运营场景化的一个重要准则。因此对于微视频运营来说，逼真的场景体验需要注意以下三个方面。

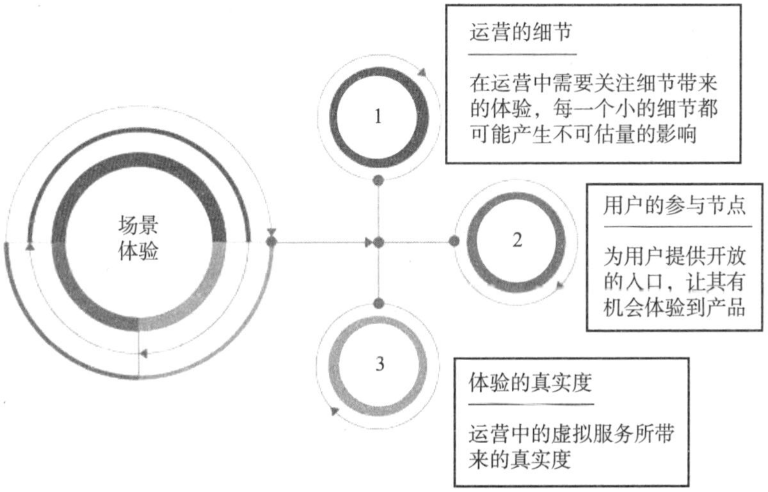

图4－3 场景体验的三个维度

平台化思维

在这里，我们暂且把平台化思维理解为狭义的“开放性平台思维”，也就是打造运营生态。《源创新》阐释了商业地产和独栋的价值区别，可以帮助我们理解运营生态的概念。我们以前对房子的要求是只要是房子就行，如今在竞争日益激烈的房地产行业下，开发商想出一条计策，这栋建筑不仅提供住宿，而且影响孩子就学，楼中还可以经营各类商铺，还会为你提供平时休闲娱乐的场所，就算出远门还配备保姆帮你看房，通过这些优势条件来增加买房和住房的附加值，慢慢地形成了一种生态链。

这样的生态模式不仅能够为消费者提供多维度的服务，而且形成了一个完善的多边商业体系，并且已经被广泛地应用到各种商业场景和行业领域。

然而并非所有人都能正确理解开放平台化的使用方法，仍然有很多产品商希望包揽所有事情，即使是自己不擅长的活儿。在很多创业型的产品里，没有清晰的定位，却仍希望把产品功能增加到极限，想到什么就做什么，无孔不入，希望呈现全部功能。

所以平台化思维，最重要的就是理解“产品是生态中心输氧机”这个核心理念，其可让产品更好地接触用户、商户和多边商业，寻求利益最大化，从而形成优势互补。这与安卓开放式的运营模式，或者传统行业中的城市代理模式有异曲同工之妙。

使用平台化思维的核心逻辑是做运营，大盘（商业视角）看的是生态的整体性，小盘（参与者视角）看的是生态的功能性。使产品环境形成一个多元多边的生态系统，让外部资源参与到产品的未来创造中，这是未来的必然趋势。

4.2 让用户第一时间知道你的行业特征

微视频作为移动互联网的产物，与企业、品牌、商家联系紧密，无论进行什么样的营销，都要在用户面前体现出你的行业特征。

如果微视频没有行业方向，用户就无法对你进行明确定位，给用户的感觉就可能是可有可无的。当微视频存在的意义不明确时，也就失去了必要性。那么，对于一个企业或商家来说，怎样才能使微视频的行业特征体现出来呢？

在标题上体现

微视频从上传到用户点击观看需要经历两个阶段：第一个阶段是“让用户找到你”，也就是说要让微视频出现在用户的眼前，这一过程可以通过微视频优化和微视频推广来完成；第二个阶段是“吸引用户并且让用户产生行为”，而这一阶段主要取决于两个因素：微视频内容和微视频标题。微视频的内容将在后面详细介绍，这里重点阐述微视频的标题。

微视频标题的设置必须与微视频内容相符合，如果不符合，就会被微视频平台屏蔽，即使没有屏蔽，也会让消费者产生反感，效果适得其反。做到与微视频内容相符之后，就尽可能地让微视频标题引人注意。微视频标题吸引人注意最常用的办法有以下六个：

在标题上加上特殊的符号，如在标题上加上“【】★#◆◎”等特殊符合，这样很容易被浏览者注意；标题新颖另类，如有一个微视频的标题为

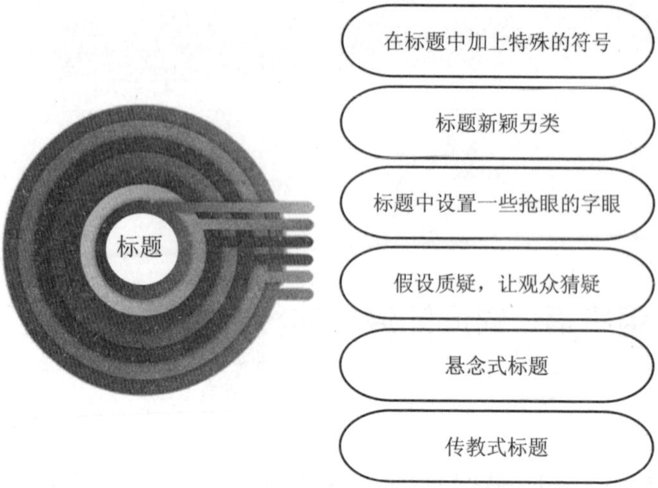

图 4－4　吸引人的 6 种微视频标题

《在公共场所放屁》，吸引了很多浏览量，仅点击量就超过 1000 万人次；标题中设置一些抢眼的字眼，如“独家”“幕后”“最牛”；假设质疑，让用户猜疑，如“天哪，这是真的吗?”；悬念式标题，给用户一个悬念，引起用户好奇心，如“八三男人节里的不同女人问候”；传教式标题，告诉用户一些相关的知识，如“女性护肤的技巧”。

在确保标题与视频内容相符，以及吸引浏览者注意力的情况下，可以适当植入一些关键词，目的主要是从视频优化角度考虑，但不能为了视频优化，一味地植入关键词，效果往往适得其反。视频标题更应该符合用户体验度，更加人性化，如一个制作电子书的视频标题“电子书制作—如何制作电子书—电子书制作教程”这样的标题排名虽好，但用户体验度不高，点击率也不会很高。

在微视频昵称上体现

一个微视频呈现在用户面前的首先是头像和昵称，如果昵称有特色，在成百上千个微视频中就会脱颖而出，结果也会事半功倍，而使昵称有特色的主要方法就是体现行业方向。例如，大家最常用的购物软件，它们的微视频昵称中基本都有“购物”一词。

然而，为微视频起个好昵称并非嵌入某个关键词这么容易，还需要结合企业的经营范围、性质和产品或业务类型等方面更深入地去挖掘相关信息。例如，一些电子产品、电器企业通常以自己的产品、品牌直接取名微视频昵称，“××电器”“××电子直营店”“××官方旗舰店”等。

但是直接以产品、品牌名来命名微视频要谨慎，这样会导致目的性和功利性太强，会令大多数用户反感，此方有风险，取名需谨慎，如果不是有研发需求尽量避免这样做。

其实，电子产品类的企业完全可以做一个“电子百科全书”性质的微视频，为用户提供款式、功用等方面的知识、技巧等，当用户对你的微视频产生兴趣并认可后，即使植入一些广告，用户也比较容易接受。

然而有些企业直接以企业名称为微视频昵称，这也是不可取的，除非你的企业在大众中已经有较高的知名度或良好的口碑，否则，用户不但不会产生好感，反而会增加反感。例如，一个以分享生活、娱乐、美食等咨询的网站，微视频叫作“余姚生活网”，它是宁波一家“宁波网联网络有限公司”旗下的，已经成为当地的一个潮流生活平台。这样的命名很好，既有了企业特征，又附加了地域属性，可使用户轻而易举地知道：这是一个什么平台，能从中得到什么。试想一下，如果直接取名“宁波网联”或“网联网络”等，结果可想而知。

在微视频个性签名上体现

在第一次关注某个微视频时，我们会看到首页界面上有个“功能介绍”，在关注一个微视频账号之前肯定会细致地阅读一番。这个介绍就是个性签名，相当于做一个自我介绍，可以很好地定位微视频的特性，让订阅者更好地了解你的功用。以唯品会为例，它在美拍账号上的功能介绍还是大家熟悉的那句话——“一个做特卖的网站”。即使有些微视频昵称比较模糊，通过这十几个或几十个字的介绍也可以明确起来，而这样的例子仅限有广大知名度和众多粉丝的产品。

个性签名可人为设置，一般在申请时提前设置好；也可不定期地修改，不过，每修改一次需要通过系统的审核。

在微视频内容上直接体现

在内容上直接体现是最根本的做法，即所推送的内容要时刻围绕着本行业，并且有自己的特色，独树一帜，给用户崭新、别致、眼前一亮的感觉。想要赢得知名度，只要把内容做好、做精、做出特色，成为行业的头牌，让大众熟知，吸引更多用户关注也就不在话下了。例如，原创孕期系列微视频——“十月呵护”，该微视频都是以孕育知识为基础、以幽默诙谐的漫画风格去展示内容，既有相关知识，同时又不枯燥，寓教于乐，自然深受观众的喜爱，粉丝也有十几万人。

做好以上四点，一个微视频用户运营的基本方向就明确起来了，当用户关注时，也能在最短的时间了解该视频究竟是什么样的，观看后效果如何，有何收获。

4.3 如何做好微视频用户运营

目前，行业内对微视频“用户运营”的理解各有差异，很多人把微视频的用户运营当作一切运营的统称，也有人把用户运营简单定义为用户的维护工作。这里之所以把这部分内容单独拿出来讲，一方面是因为其在微视频营销的进程中扮演着非常重要的角色，另一方面是为“用户运营”下一个狭义的定义。

我对微视频用户运营的狭义定义是，以用户（消费者）为核心，以微视频营销手段为主，自媒体手段为辅，吸引用户，提升用户黏性和活跃度，从而不断提升用户体验和价值的过程。

我对微视频用户运营工作范畴的界定是，用户运营主要关注用户价值（拉新、促活、留存）和用户体验两个工作方向。

对于微视频营销来说，其本质是一切用户关系的综合。我们一定要坚信，“人”才是产品的核心。不管我们营销什么产品，其终极目标就是为了不断地提升人的体验。我们所说的抓住痛点、需求导向，无一不是在解读这个道理。那么，在围绕微视频用户运营的过程中，需要我们不断地通过数据化的反馈优化产品功能以及更好地服务用户。一切微视频用户运营的工作都是围绕用户进行的，因产品而起，也因产品而灭。这个过程，是一个长期、持续升级的过程。

那么，在这样的一个定义下，微视频用户运营的主要职责是：洞察和规划用户体验，推进每个环节在用户体验上的优化，提升用户在产品中的生命周期，并在不同阶段变现。

基于定义，我们会发现用户运营就是围绕“人”做两件事：一是让微视频体验不断优化；二是让微视频上的新老用户“玩”得更爽。基于这两件事，最后促进产品成交变现。在这个过程中，微视频和产品不断迭代，用户也在经历一个“从0到1”的漫长时期。所以，用户运营的难度是非常大的。

那么，商家、品牌或企业要如何做好用户运营呢？根据我的从业经历及研究，要做好微视频的用户运营，需要从以下6个方面入手：

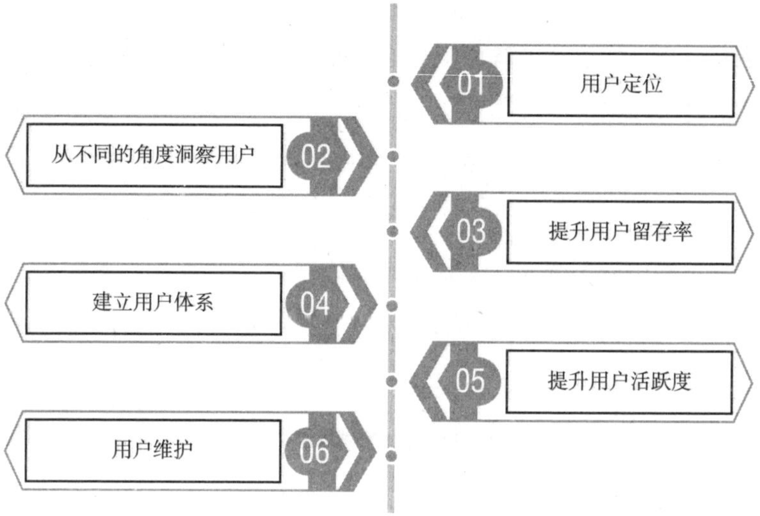

图4-5　做好微视频用户运营的6个要点

用户定位

什么是微视频定位？所谓微视频定位就是你的微视频拍出来给谁看。这里的“谁”又分为两个层面：第一，看你微视频的观众；第二，肯为你花钱的观众。

就目标观众来说，你一定要给自己一个准确的定位。也就是说，你的微视频是给“80后”看的，还是给“90后”看的？是给白领看的，还是大学生看的？是给男性看的，还是给女性看的……这些都要搞清楚。

目标观众确定后，第二层的“用户”就会慢慢显现出来。你的粉丝群是什么类型，你将来的目标消费群也是什么类型。例如，专注于研究生活方式的微视频“一条”，投放的广告几乎都是家居用品类，而许多以吐槽、搞笑为主的微视频，可能以快消品为主要的商业对接。

如果你还对这个问题没有清晰的概念，那么我们通过“蘑菇娘娘”和“大胃王密子君”的案例对比来仔细了解一下。两者虽然都是美食类微视频，但因为它们的目标用户定位不一样，所以带来的效果也不一样。

“蘑菇娘娘”的目标用户是18～24岁的年轻女性，在她制作的美食微视频中，充斥着各种小清新的气息，菜品制作并不复杂，使用的食材也很常见，非常容易上手。这正是她定位的目标用户喜欢的内容，所以点击率一直居高不下。例如，“玫瑰煎饺”的播放量达到3000万，收获27000多个赞。甚至“人民日报”等微博大V都转发了他们的美食视频。

但是“大胃王密子君”却是另外一种定位，她的目标用户也是年轻人，特别是那些充满个性和生活热情的“90后”。这类人群对新事物有很强的好奇心，喜欢那些独特的、有创意的内容。“大胃王密子君”的吃货人设就这样牢牢地立住了。超级大胃王，除了吃就是吃，走到哪儿都能吃，还能把普通的美食吃出满汉全席的味道。

“大胃王密子君”通过这一特别的人设疯狂吸粉500多万，成为当之无愧的全民网红，而且秒拍微视频轻轻松松就能上排行榜前三，仅次于“日食记”。除此之外，她还把微视频和直播结合起来，常常做“吃播”，她的直播在线观看人数高达60多万人。

与此同时，很多传统媒体也开始关注“大胃王密子君”，例如，她接到了《天天向上》和《2046明珠号》等节目的电视邀约，出现在电视屏幕上，成为真正的人生赢家。

通过这两个案例的对比，我们可以发现，同样是美食类的微视频，由于定位不同，目标用户不同，最后走上了两条完全不一样的发展道路。

如今，微视频领域虽然是个香饽饽，但是这个领域的大门显然只对那些定位明确且精准的营销者打开。因此，做微视频营销一定要有精准的定位、清晰的规划，才能获得打开大门的金钥匙。而那些不明所以、不知所云的微视频营销只能被淘汰，或者要撞很多次南墙才知道自己错在哪里。

因此，做微视频第一步也是最重要的一步就是定位。先定位，再营销，良好的开端是成功的一半。

从不同的角度洞察用户

现在的商业社会对目标用户的服务呈现出一种差异化和精细化的特点，用一句很通俗的话来说，就是“见人说人话，见鬼说鬼话”，需要我们从不同的角度洞察用户，站在用户的角度想问题，提高他们的体验和感受，以最低的成本，做最好的服务。

做好洞察用户的第一步就是明确方向，所谓明确方向就是“洞察谁”。商家、品牌和企业要根据收集到的信息确定目标用户的特点是什么？男性居多，还是女性居多？消费能力如何？定位一定要精准。在一个产品的生命周期曲线下，清楚地知道在不同的阶段我们正和什么样的用户打交道。

微视频早期的营销用户有两种类型：创新者和早期采纳者，也就是通常所说的种子用户。这类用户对新产品的好奇心和关注度都非常强，他们更愿意当第一批使用产品的人，并且愿意为产品提出改进意见，对产品的忠诚度较高。

下一个阶段就是早期大众时期，在这个阶段，目标用户有很强的消费意愿，并且愿意把产品推荐给身边的人，企业一定要把握住这个时期，让产品营销上一个新台阶。到了晚期大众用户进入落伍时期，这类用户的关注点就转向产品的性价比，希望企业提供更优质、更到位的服务。

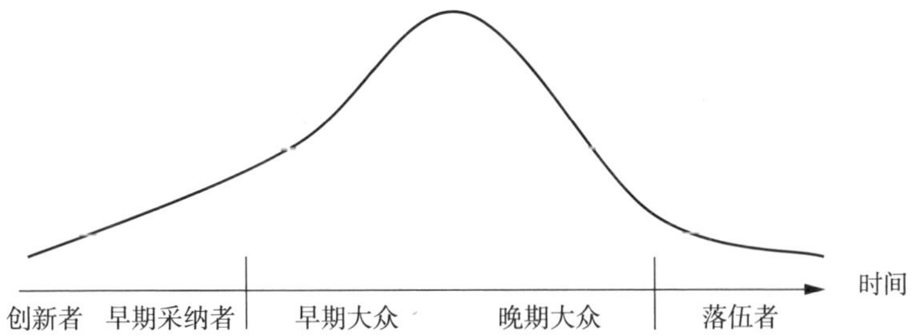

图 4-6 微视频用户的生命周期曲线

因此，对于微视频营销企业来说，处于不同阶段，就要对不同的用户进行调查分析，如性别、年龄、生活场景、使用环境、消费习惯等，以此来帮助我们进行画像式的定位，降低营销成本，把微视频营销的价值发挥到最大。

提升用户留存率

说到提升用户留存率，其实从洞察用户开始就应该思考了。例如，用利益吸引用户注册。采用这一途径，最重要的是要让用户尽量留下有效的联系方式，如电话号码、微信、关联微博等，方便进行二次推广。

除此之外，还要选择那些和自身产品相匹配的宣传渠道，拓宽渠道，多参加各个渠道的互动也很重要，这样有利于提高自己的曝光率和关注度，降低宣传成本。

根据用户提交的意见和建议，不断改善产品，提高产品体验，满足用户需求，让用户使用起来更加得心应手。我们可以做到以下几点：

①第一时间传递产品信息，如促销互动，新功能等；

②对用户提出的问题以及投诉要及时解决，建立专业的后期客服团队；

③对用户反映的信息要及时收集，并建立专门的数据库，帮助产品优化升级；

④对用户提供帮助和引导，如新手指南等；

⑤对老用户进行贴心服务，如送上生日祝福、优惠活动、新功能内测等。

建立用户体系

企业想要做到精准营销，提升用户的产品体验，建立用户体系是根本。我们要如何区分用户呢？可以从以下几个方面入手，为每个用户分门别类。

①按用户属性分类：地域、性别、职业、收入、年龄、文化程度等；

②按用户活跃度分类：新用户、活跃用户、僵尸用户等；

③按下单频率分类：一年内，零订单、一个订单、2～5个订单等；

④按用户价值分类：意见领袖、普通用户。

以上只是一部分划分用户的例子，行业不同、平台不同，分类的方式也不一样。商家、品牌或企业应该根据自身的具体情况，建立完善的用户体系。当用户体系足够成熟时，做微视频的精准营销就易如反掌了。

提升用户活跃度

吸引到了客户，但是客户不活跃也是一个大问题。企业需要通过举办不同的活动，给用户制造一些刺激，不断在用户面前刷存在感，而消息推送是最直接、最简单的方式。

常见的消息推送方式包括公众号、APP站内信、微博粉丝订阅推送等。这些途径能够快速提高微视频的热度，提升目标用户的兴趣，唤醒沉睡用户。但推送是一把双刃剑，有的用户喜欢看推送消息，但是推送的过于频繁用户就会不耐烦，甚至麻木。那么推送应该如何做呢？我们可以从以下五个方面入手：

①细分推送对象，把目前所有用户进行分组，按照每组用户特点分别进行推送，不要轻易把消息推送给所有用户；

②给用户选择权，让用户有选择是否接收推送的权利；

③根据用户接受消息的场景，推断合适的推送时间；

④尽量推送用户感兴趣的内容；

⑤根据用户的观看频率，来决定消息推送的频率。

除了策划活动、推送消息之外，还可以通过建立用户成长体系的方式来刺激用户的活跃性，如每日签到打卡、登录获得积分升级、每日特价等。

用户维护

做用户维护就像做产品售后一样，不是把东西卖出去就万事无忧了，后期对客户的服务也能决定企业或品牌是否能走得长远。对用户进行维护就是要随时对用户进行回访，充分理解用户的需求，并且在产品中体现出来。

例如，从微信、微博、贴吧、QQ 群等途径收集用户反映的问题，并且及时做出改进和反馈，拉近和用户之间的距离，最好建立一支专业的客户队伍，只有这样，才能让用户路人转粉，粉转死忠粉。

不仅如此，还要学会和用户打成一片，从那些愿意和自己互动的用户中选出一些格外活跃的用户，发展成自己的编外人员。有什么活动，他们优先参加；有什么新产品，他们优先试用；有什么优惠，他们优先获得，通过这些用户去影响新的用户。

在如今这个流量至上的年代，谁拥有的用户多，谁取胜的可能性就大。不管你通过什么途径进行微视频营销，只要你有足够多的用户，就不用担心变现的问题。用户运营对微视频来说是重中之重，哪怕产品做得再好，视频做得再有创意，没有用户做基础，营销永远都不会成功。

第 5 章　内容运营：如何选择和打造爆款微视频内容

现在是内容为王的时代。互联网内容产业风起云涌，内容从未像今天这样重要，也从未像今天这样具备便捷变现的渠道。无论是利用微视频做营销推广，还是创业，都离不开内容运营。事实上，微视频运营从一开始就是与内容运营紧密结合的，并且在一开始就需要同步推进的。对于微视频运营来说，内容运营是核心，没有好的内容，一切都是妄谈。好的广告也是好的内容，好的内容也可以巧妙地做成广告。

5.1　重新定义微视频内容运营

近年来，“内容为王”受到了无数实践的证明和投资界的首肯，“罗辑思维”“今日头条”“樊登读书会”“AB 站”“秒拍”“小咖秀”“奇葩说”等一系列以优质内容为主的应用产品、视频节目或者社群都尝尽了内容红利的甜头。内容的商业价值进一步被审视，在信息爆炸的年代，产出更加优质和个性化的内容也成为创业的起点。

在讲到微视频内容运营时，首先应该明确微视频运营中对于“内容”的定义。大部分人对“内容”这个词的直观感受无非就是“文字”“图片”“视频”等信息载体。然而对于微视频内容运营者来说，“内容”代表了在和消费者传递信息和情感期间所产生的混合形态。

简单来讲，内容就像是血肉、精神和价值观，通过运营帮助我们更好地向用户诠释产品以及核心想法，从而丰富我们在消费者心中的立体形象。另外，通过差异的表达方式，为用户提供个性化的服务和使用价值。对于微视频内容运营者来说，内容其实就是产品的“信息源”，帮助我们表达产品的好坏。

利用微视频做营销推广，重在以内容取胜，通过声音、画面、色彩、运作等吸引用户的注意力。在整个营销过程中，无论选择哪个微视频平台只是途径不同而已，真正引爆用户转发的是内容。因此，做微视频营销核心是内容运营。

所谓的微视频内容运营，是指以图片、文字、音频、视频等形式，向用户传递有价值的企业或产品信息，以促进销售的一种营销方式，其作用、类型、表现形式和产出方式如图 5－1 所示。

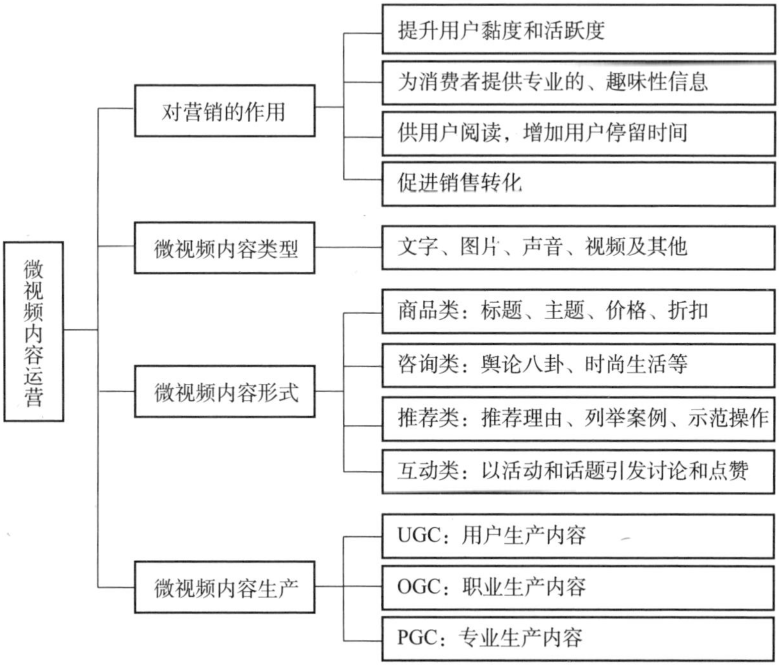

图 5－1　微视频内容运营的框架

在微视频中做内容运营，比起其他介质更大的优势是在呈现方式上比较多样化，可以利用动画、文字、视频、声音等各种介质表现内容，对于目标客户更有吸引力。然而，当前的事实是很多营销内容空洞、雷同，甚至抄袭重复，如果给客户的都是这样的内容，不但不能起到营销的效果，还有相当大的副作用。

说到这里，微视频应该如何进行内容运营呢？按照上面对微视频内容运营的重新解读，我们在做微视频内容运营的过程中，要注意以下 5 个要素（图 5－2）。

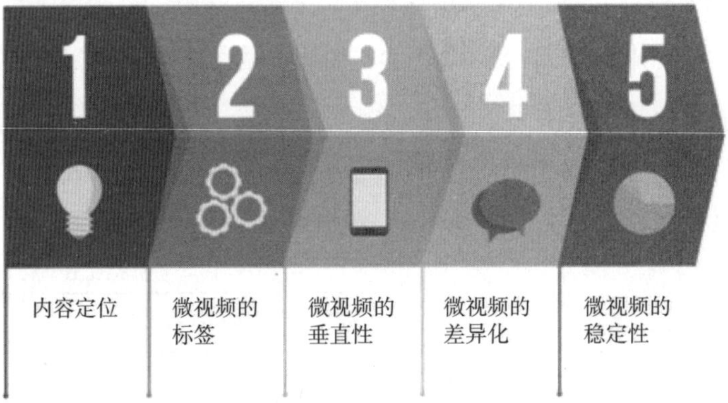

图 5－2　微视频内容运营的 5 个要素

内容定位

所谓内容定位，简单来说，就是“你的微视频要做什么内容”。内容定位可以帮助商家、品牌和企业了解自身的情况，同时结合微视频的属性做出适当的调整。同时，内容定位将决定题材的选择方向。

微视频内容定位最忌讳跟风，什么题材红做什么内容，表面上看起来有定位，实际上就是墙头草，根基不稳，必然发展不长远。

既然如此，该如何进行内容定位呢？很简单，就做你最拿手的、资源最丰富的，这样在内容策划上才能运用自如，让微视频在选题和资源上都有保障。

例如，你是一个彩妆行业的商家，那么你一定了解彩妆，而且会有很多彩妆达人朋友，他们的化妆技术高超。那么做彩妆方面的微视频就是你的优势所在，总比你强行进入完全摸不着头脑的电竞圈要好得多。只要做好基础工作，认真收集素材，按照自己最擅长、最独特的方式展现出来就行了。

2016 年，马昌博辞去壹读传媒 CEO 的职位，他带领自己的团队投身到微视频创业当中，推出的平台涉及医学、汽车、金融、二次元四个领域，虽然板块多，但是每个板块都有专人负责，并且负责人都有非常丰富的从业经验，马昌博把专业和微视频完美地结合到了一起，最后收到了非常好的效果。

在内容定位的过程中，企业还需要综合品牌的定位，设定品牌格调，就是要让消费者看到自己的产品就会产生对应的感觉。例如，一件产品的定位是“年轻无极限”，那么品牌格调关键词就是“年轻”“敢闯”“挑战”等。

加入品牌格调这个参考项，就能更准确地决定视频要拍什么内容。例如，企业想树立一个稳重大气的形象，在选择内容的时候，就应该多加入一些高大上的元素。

如果企业同时有多个产品需要规划，可以根据不同的产品特点进行分类，完成分类后，再进行关键字定位。不同的产品虽然定位不一样，但是产品之间互动比较多的话，也会吸引很多消费者的注意。所以，企业想做好微视频的内容定位，一定要确定好格调关键词和品牌个性。

微视频的标签

确定微视频内容定位后，接下来就要给微视频贴标签。

贴标签，就是让大众看到这个标签就想到你，例如，人们一提到综艺节目，就想到湖南卫视；一提到创意配音视频，就想到胥渡吧；一提到吐槽，就想到 papi 酱，这就是标签。微视频一定要把标签效果做到极致，说得严重一点就是最好别给对手留活路。没有翅膀的小鸟永远飞不高，同样，没有标签的微视频，也吸引不了用户。

最典型的例子就是“说方言的王子涛”，这个微视频的标签就是“方言”。王子涛用方言来吐槽校园生活，吐槽学生，让人眼前一亮，笑点连连。这个标签在他的身上一天比一天强化，很多人一看到同类型的内容，就会想是不是“说方言的王子涛”发的，甚至觉得同类型内容没有王子涛说得好，还会专门搜索原版来看。

“方言”就是王子涛的标签，这就是他的优势，方言具有地域特色，自然把他和其他视频分类开来，物以稀为贵，与众不同，自然更有商业价值。

总而言之，标签能让你的微视频变得与众不同，还会帮你在内容方面做出筛选，进而为你的商业潜力做铺垫。特别是在那些参与数量少的类别中，标签能让你迅速脱颖而出，影响力越来越大，而那些没有标签的微视频，渐渐地就退化成空气，越来越没有存在感。

微视频的垂直性

微视频经过2017年的资本洗礼之后，2018年微视频领域更加繁荣。因此，我们一定要注意微视频的垂直性。所谓垂直性，就是要多发掘微视频可以涉及的领域，提高微视频的商业潜力。

如今的微视频大多以娱乐类和垂直类为主。泛娱乐类的视频关注度高，流量大，但是基本没什么变现能力，如那些以幽默搞笑、明星八卦为主的微视频就属于泛娱乐类。垂直性微视频是指那些具有专业性的，目标用户很明确的，如母婴类、汽车类，甚至花艺类、医美类等。垂直类微视频的定位更清晰，内容更专业，因此蕴含的商机也更大。

例如，一个搞笑幽默的微视频在微博上的观看量可以达到几千万人次，但是这些观众都是什么人呢？性别年龄如何？收入如何？受教育程度如何？由于覆盖面太广泛，我们无法精细化人群。但是一个汽车类微视频，在汽车之家上的观看率突破100万，这个数字就很庞大了，因为汽车之家就是为那些有需求的人士创立的，你来看，说明你有需求，你有需求，对企业来说，商机就来了。

微视频垂直度高的对话，带来的商业价值也就更高，因为每个垂直领域背后都有强有力的产业支持。不仅如此，垂直度高的微视频更容易形成 IP，目标人群集中，传播速度反而更快。

在垂直型方面，做得比较好的有“一条”，“一条”视频专注于挖掘人们的生活方式；还有“秒嗨”，“秒嗨”把注意力集中在体育方面，收获了不少体育迷。这些微视频“大牌”满足了用户对视频分类更加精细的需求，不管是拉赞助、投广告，还是做电商，变现已经不成问题。

微视频的差异化

差异化很重要，如果你的微视频足够差异化，可以少走很多弯路。

最初的微视频创作者以搞笑幽默为主，如今这些元老级博主已经成为行业大咖了。2014 年，一些生活类微视频渐渐冒头，吸引了一大批粉丝，但是仅仅靠生活内容本身，很容易让粉丝产生审美疲劳。到了 2016 年，微视频突然爆发，各种领域、各种内容的微视频百花齐放，竞争一下子变得尤为激烈。大部分创作者选择了门槛低、易接受的和日常生活息息相关的内容，但是有些人却另辟蹊径，于是，一群像 papi 酱这样的“吐槽类”人气博主迅速崛起。他们为什么能够这么红，就是因为他们做到了差异化，这就是差异化的力量。

既然如此，如何才能做到差异化呢？

在策划阶段，要进行彻底的摸底调查，如自己将要涉及的领域有多少同类型微视频？他们的内容是什么？他们的表现方法如何？知己知彼方能百战不殆。知道这些后，还要对自己的准备工作进行调整，让自己更加独特。

如果你要进入的领域已经有很多出色的创作者，市场已经很饱和了，那么你就要考虑是否还要继续进入；或者试着发掘一下这个领域还有没有其他没被发现的入口，把自己和其他人区分开来。

内容差异化可以让你的微视频显得别有一番风味，它的诞生注定不平凡，只有如此，才能吸引流量关注。如果能做到“珍稀资源”就更好了。

微视频的稳定性

专注星座20年的网红“同道大叔”在思考转型时说：“除了内容，视频节目能否持续更新、能否与内容分发平台顺畅沟通、用户在不同端口的不同特点等都是影响短视频节目能否成功的关键。”由此可见，微视频的稳定性非常重要。

稳定性包括哪些方面呢？主要表现在内容、创造力、曝光率三个方面。首先，在内容上，一定要保证在更新周期内话题不断，不能出现今天有，明天无，或者敷衍的情况；其次，在创造力上，创作者一定要有源源不断的灵感，否则内容只会越来越乏味，甚至会掉粉；最后，在曝光率上，在微视频这个圈子里，曝光率高才有存活的概率，如果你不能保持稳定的曝光率，那么等新人崛起，你就更没机会了。

一下科技的刘新征曾表示，对于微视频来说，只有稳定才有未来。不管是在微视频平台上，还是在微博微信这样的社交软件中，要不停地刷存在感，才能让大家注意到你，你才有存在的价值。

如果你只是想过过瘾，体会做微视频的乐趣，那么你开心就好；如果你想做微视频营销，创造商业价值，那么一定要脚踏实地地把路走稳，保持一定的稳定性，切忌“雷声大雨点小”。

综上所述，微视频要具备定位清晰、标签化强、重视垂直性差异化以及稳定性几个特点，才能叱咤江湖，呼风唤雨。如果加上精美的后期制作，发展成IP不是梦。

了解了什么是内容，以及微视频内容运营的五个要素，这只是微视频内容运营的基础。接下来还要考虑如何选择微视频内容、如何制作爆款微视频内容等问题，这些在接下来的章节里会详细介绍。

5.2 如何快速选择微视频内容

微视频内容运营的关键是什么？吸粉！那么如何才能迅速吸粉呢？当然离不开那些脑洞大开、博眼球的优质内容。那么内容从哪里来？答案有二：一是拿别人的，就是转载分享别人创作的视频；二是做自己的，就是自己原创拍摄。不管采取哪种途径，有一点必须要注意，就是要以账号定位为中心，站在粉丝的角度，只要做到这两点，不管你的微视频内容是不是原创，都能收到很好的效果。

微视频内容的选择途径

具体来讲，微视频内容的选择有以下 6 个途径：

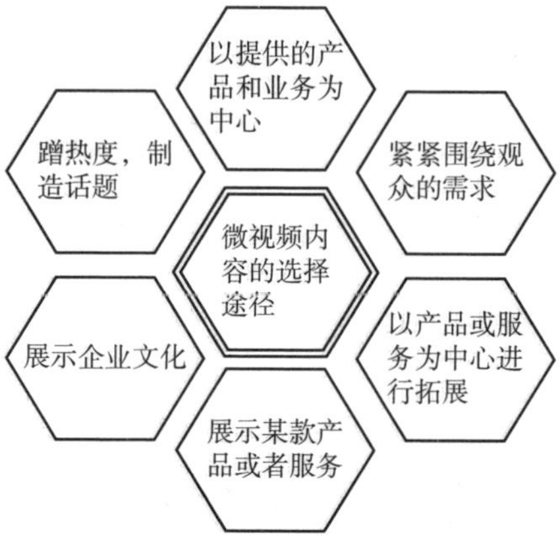

图 5-3 微视频内容的选择途径

◎ 紧紧围绕所提供的产品和业务

微视频发什么内容还是要根据自己提供的产品和服务来决定。也就是说，你推送的微视频不仅要满足粉丝的需求，也要为自己的产品做宣传。任何一个商家、品牌或企业发布的微视频，都离不开自己的产品和服务。如餐饮行业发布的视频，一定要和美食有关，这样才能进一步吸引顾客关注。

◎ 紧贴观看者的需求

这一点很好理解，就是用户喜欢什么，我们就发布什么。因此，商家、品牌或企业的微视频内容运营人员一定要根据用户的需求有选择地发布内容。在发布视频之前，还应当对用户进行分析，善于发掘用户更深层次的需求。

例如，中央电视台的《小丫喊你回家吃饭》栏目非常受欢迎，相信大家身边也一定有很多“吃货”朋友，甚至一些关于“吃”的微视频人气也是非常高。为什么人们对吃这么推崇？因为吃是一种本能，也是一种生理需求。谁都喜欢吃，但不是人人都能享受美食，也许是因为条件不允许，也许是因为身体对某种食材过敏，或者纯粹就是懒，不想做。总之，正是因为吃不到，才羡慕那些能吃的人。有的网友不禁感叹：“为什么看别人吃饭像上天，自己做饭像上坟呢?”这说明大家对吃的要求还是很高的，这也是美食节目、美食微视频受欢迎的真正原因。

从营销的角度出发，如果你目前的项目和美食有关，而且能围绕“吃”把微视频做得有声有色，自然会有大批用户蜂拥而至，你的产品必定会大受欢迎。

◎ 围绕产品或服务进行知识延伸

单纯地推销产品、推荐产品已经无法让用户提起购买的兴趣，特别是微视频营销，广告做得太直接反而会让用户反感，有的粉丝甚至会取消关注。如果能在微视频中融合一些关于这个产品品类的小知识，或者延伸性的故事，就会比较吸引用户。因此，微视频内容运营者必须要有巨大的脑洞，善于发掘，善于延伸。

在这方面，RIO 鸡尾酒的一个微视频营销就值得我们学习。在这个视频中，他们并没有直接销售产品，而是教大家如何 DIY 瓶起子。接触过 RIO 产品的消费者都知道，没有瓶起子是没办法打开金属瓶盖的，这个视频刚好解决了这一问题，只需要一张纸，就能轻松开启瓶盖。只要你跟着微视频一起学，只需要简单的几步就能做成。这则微视频不仅间接宣传了产品，还提升了和消费者的互动，吸引了流量，一举两得。

◎ 展示某款产品或服务

通常情况下，我是很不建议直接宣传产品的，但是在某些特定的环境下，不仅可以使用这一途径，而且效果非常好。例如，节日促销、新品发布等，直接推销能够刺激消费者的感官，反而能在最短的时间内达到宣传效果。巴黎欧莱雅在这方面做得得心应手，他们常常通过微视频来展开推广攻势。

◎ 展示企业文化

企业微视频还有一个重要的用处就是宣传企业文化，展示企业经营理念，通过企业的人格魅力来吸引一大批情怀粉，提高原有粉丝的忠诚度，获得市场的认可。

文化层面的内容更能显示一个企业或者产品的高逼格，促使消费者快速了解企业，对企业或品牌死心塌地。这种方式比较适合那些已经有一定知名度的企业，或者正在成长期的品牌新秀。

例如，《城市画报》，一本坚持做原创的青年杂志，这本杂志的主要内容就是反映现代都市年轻人的生活方式和心态。他们的微视频也处处体现了这一点，把自己的杂志文化和经营理念完美地融合在视频里。

◎ 借助社会热点事件制造话题

通过一些新闻热点来制造话题也是一种营销手段，这就是我们通常说的

"蹭热点"，这种方法可以说是兵家必用了。在这个全民营销的网络时代，每个人都是一个信息集散中心，各种热点层出不穷，通过蹭热度来进行推广营销，更容易打开市场，获得关注。

H&M就很擅长运用这一方法来宣传，H&M做过一个体育故事系列的微视频，每一集都讲述一个和运动有关的故事。

需要注意的是，以上提到的所有获得微视频的途径并不是全部，你也可以根据自己的情况找到其他方法。在实际运营中，还是要从企业自身的产品和品牌定位出发，综合各种手段去获得素材，整合材料，制作出精美的、富有创意的视频，从而配合更好的营销。

微视频内容选择的两大原则

知道了微视频内容的选择途径，商家在选择微视频内容时，还需遵循以下两大原则：

◎ 创新

创新一直是营销行业老生常谈的话题，更何况是以创意为生命的微视频营销。所以，商家、品牌或企业在做微视频营销时，一定要顺应这一趋势，整合各方信息，给用户带来前所未有的体验。

企业微视频营销最有效的手段之一，就是延伸移动营销的价值，例如，微视频营销和传统广告相结合，或者把微视频营销、门店促销、事件营销等独立的方式整合起来，形成规模效应，把营销能量最大化。LBS位置定位、手机身份识别、AR增强现实、重力感应、陀螺仪等新技术的不断出现，让微视频可通过技术整合，拥有以前传统营销方式内容上无法比拟的优势。

有些人还很疑惑，为什么微视频营销能有这么好的效果？答案很简单，举个简单的例子，同样是一位美女，一边是一张照片，一边是一段视频，你想看那个？很显然是视频，如果再搭配一些特效和背景音乐，效果就更好了。

除了在技术上寻求创新，在内容上也有不少值得挖掘的潜力，例如，脑洞大开的创意和品牌的核心理念相结合，把产品的主要卖点和理念更有效地呈现在用户面前，让用户在观看的过程中不知不觉就了解了产品，在消费时能多考虑自己的品牌。

我们来看看“十月呵护”的案例，“十月呵护”的用户忠诚度为什么如此之高，就是因为它把内容创新做到了极致。它的选材和表现方式与一般的孕育类微视频不一样，一般的孕育类微视频大多以单调的说教为主，但是“十月呵护”却通过现场作画的形式赢得了一大批准妈妈的好感，从而把一些路人观众转化为自己的粉丝，扩大了自己的影响力。

不管什么类型的微视频，只要你想吸引用户，就必须不断创新，道理非常简单粗暴，要么新，要么死。企业要根据不断变化的用户需求，挖掘产品更多的附加价值，树立自己的品牌。

综上所述，商家、品牌商或企业在寻求创新突破时，并不是自己跟别人不一样就行了，而是要从内、外两个层面入手，外部主要是营销手段要多、要奇、要符合用户的需求；内部主要是内容要有质量、有价值，充分展示品牌的独特性和价值，告诉用户为什么非买你的产品不可。

◎ 互动

微视频另外一个特点就是互动性强，一个微视频如何吸引用户，最好的方法就是与关注者进行互动，而且，这种互动必须要持续，不能三天打鱼两天晒网，如今的微视频行业很残酷，一天两天不互动无所谓，但是一两个星期不互动，基本就和流量说拜拜了。

针对这一点，我们来看看“每日瑜伽 Daily Yoga”是怎么做的。

每日瑜伽是一个瑜伽培训工作室推出的微视频，在视频里，每个瑜伽都有分解动作，老师不会单一地讲解，而是会和学员一起互动。微视频里有很多经典的瑜伽动作，如半月式、下犬式、猫式、摇摆式等，还推出了一些主题瑜伽，如办公室瑜伽、孕妇瑜伽、排毒瑜伽、调理肠胃瑜伽等，给顾客们充分的选择。这个微视频基本上以分解动作和语音辅助教学为主，一个动作

一个动作地慢慢教会大家，动作简单，步骤细致，按照视频的教授，用户很快就入门了。

另外一个例子是麦兜步步，麦兜步步在美拍的账号有160多万粉丝，微视频累计收获3000多万个赞。为什么麦兜步步的人气这么高，正是因为她非常喜欢和粉丝互动，虽然她的大部分视频并不是原创，但是都是大家最关心的话题。例如，2016年奥运会期间，她在自己的账号上发布了很多关于中国奥运健儿的消息，获得大家的一致好评。

互动性将是未来移动互联互动广告的一个方向，可帮助企业的传统媒体广告更有创意地融合到（移动）互联网，激发传统广告的二次传播力。因此，如何增强微视频内容的互动性也成了企业、品牌商最关心的问题。

5.3 打造爆款微视频，内容应该如何制作

每一个做微视频营销的人都在夜深人静的时候大声咆哮过："我要红！"不管是通过微视频创业，还是做微视频营销，大家都想打造出"爆款"内容，恨不得明天就变成下一个 papi 酱，毕竟动辄几千万次的播放量确实令人羡慕。那么，打造爆款微视频，其内容是否有规律可循？

爆款微视频内容的核心元素

爆款微视频内容的核心元素包括以下三个方面：

周密的前期策划

想要做一个爆款微视频，准备阶段非常重要，基本上整条微视频的内容、基调、目标群体在这一阶段就确定了。

策划准备阶段的工作分为以下三个方面：

①根据自身的产品类型和品牌特点来确立定位，让大众知道你是谁；

②根据市场行为来进一步确定营销目标，这一步是让你明白自己在干什么，目的是什么。

③根据目标人群的年龄、性别、职业、地域等信息，做出准确的用户画像，并且不断地告诉自己，目前所做的一切都是要让用户满意。

除了这三点，根据时间节点来"对症"策划也是很重要的，例如，圣诞

节、元旦、七夕、万圣节、父亲节、母亲节，甚至双十一都是热点节日。例如，papi 酱在双十一前发布了一条吐槽双十一的微视频，点击率又创新高。

◎ 有“网感”的拍摄、制作和优秀的文案

在完成策划准备阶段后，接下来就是拍摄制作了。在这个阶段，核心人物是那些有能力、有才华的拍摄人员和后期制作人员，他们起着至关重要的作用。但是也有一个不得不考虑的前提——这些人必须非常懂互联网，把握当下热点和流行趋势。这一点对制作爆款微视频有一定推动作用。例如，你的关注者是不是都是“重度网瘾人员”？现在最火的电影、电视剧是什么？话题度最高的明星是谁？最红的歌是哪一首？等等。

总而言之，微视频内容运营者除了要有高超的技术，还必须是一个“互联网脑残粉”，一个热搜雷达，没有什么能逃过他的热度天线。然后把这些最火热的内容加入视频中去。这种能力叫作“网感”，网感对于一个微视频内容运营者来说至关重要，直接决定了视频点击率。

除了微视频内容运营需要具备上述能力，微视频的内容制作完成后，还需要一个有网感的人来想标题，写文案，这就是传说中的“标题党”。他们需要有良好的文字功底，想出来的标题要吸引人们的眼球，让人一看到标题就很有点开的欲望；同时，他们也要运用自身的热点触角，把握当下的流行热点，提炼出自己需要的内容加入文案中。

不少微视频内容运营者都在网上分享过自己想标题、写文案的经验，其中最实用的一点就是多取几个，说白了就是从不同角度或者同一角度使用不同的词汇来想标题，然后选择最吸引人的那个。这个方法看起来非常笨拙，但是却很有效。

◎ 合理、适宜的投放步骤

一个微视频经过前期周密的策划和准备，中期认真的拍摄和制作，就算微视频已经具备爆款的潜质了还不够，如果没有后期精准的投放和运营，只

能说是效果不错、受欢迎的微视频，还算不上是爆款。

微视频完成之后，准备在平台上推送时，一定要根据产品的类型确定投放的时间和频率。重点就在于营销能不能跟上，能不能把握好宣传的度，在对的时间推送对的视频。所以，运营思维也很重要。如果运营跟不上，偶尔出爆款有可能，但是想一直出爆款，就很困难了。

微视频推送成功后，还要及时跟进各大平台的数据统计，及时和粉丝进行互动，时刻关注粉丝的评论和反馈，提高粉丝的忠诚度，并达到留存粉丝的目的。

以上就是爆款视频的核心元素，除此之外，还有一些锦上添花的小细节，我们也要多多留意。

爆款微视频的5个要素

美国最权威数据统计中心对2017年在Facebook和Instagram榜单上名列前茅的微视频进行分析，总结出以下5个爆款微视频的要素，值得我们借鉴和参考。

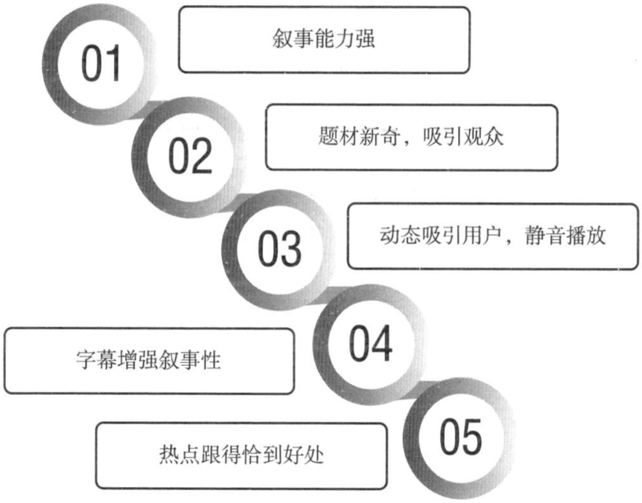

图5-4 爆款微视频的5个要素

◎ 叙事能力强

根据统计，Facebook 上点击率和转发率最高的 10 个爆款视频的视频时间大部分都控制在 60 秒之内。而且他们的视觉镜头都很丰富，也就是说，爆款微视频的核心镜头必须有强大的叙事能力和感染力。

◎ 题材新奇，能够轻松引起观众共鸣

用户喜欢那些“看上去”就很劲爆的内容，或者那些视觉冲击力强，甚至很猎奇的小视频，总而言之，观众喜欢那些能够引起共鸣和新奇的内容。

◎ 通过动态镜头吸引用户，视频可以静音自动播放

该机构通过对 Spike 置顶微视频的特点进行统计分析得出的结论是，用户更喜欢那些一看标题和文字描述就很有画面感的视频。

在这个方面，美食类微视频可谓是得天独厚。因为对于这类微视频而言，光看画面就知道作者想要表达什么，让观众一目了然。所以，不管是国外的 Facebook 还是国内的秒拍，美食类微视频的排名总是居高不下。

◎ 作为加分项的视频字幕和配文可以增强叙事性

熟悉 Instagram 这款社交产品的朋友一定知道，Instagram 对字幕的运用可以说达到了炉火纯青的地步，从字体到字号再到字幕长度，全都围绕视频核心内容展开，既方便用户理解也便于传播。

一个好的字幕对微视频来说就是加分项，会让用户的好感度迅速地往上涨，如此一来，爆款的可能又多了一些。

◎ 热点跟得恰到好处

除了上面提到的 4 点，还有一个可遇不可求的因素，就是跟热点。跟热

点就跟拼人品一样，超级热点不是每天都有，既然遇到了，就一定不能放过。

紧跟时下热点事件，并且迅速投放视频，这是制作爆款微视频内容的契机。因此，一定要具备较高的热点敏感度，抓准时间搞事情。这方面的案例比比皆是，所有爆款微视频用到的核心公式都是：蹭热度＋时间短＋节奏快＋标题亮眼。

然而，热度不是你想蹭就能蹭的，蹭热度也是一门技术活。热度分为两种，一种是持续热度，另一种是突发热度。

持续热度是指一直都很有曝光率的新闻或者人物，如微博超级话题，像杨幂、王凯、陈伟霆等一线明星，常年都有粉丝在话题内活跃；还有全民关注的热点，如房价、单身、逼婚等，这些话题不管在什么时候，争论也好，无奈也罢，都是人们热议的内容。以上这些，只要你想蹭，找准切入点，大部分时间都能蹭到。

突发热度是指那些持续性较短的热点事件，典型的有突发新闻事件、明星突然爆出的绯闻、某个热门电影和电视剧播出等。例如，2017 年大火的电视剧《三生三世十里桃花》就是一个热点，鹿晗、关晓彤公开恋情更是热到让新浪整个服务器瘫痪……一旦能够恰到好处地蹭到热点，就如同借好了东风，爆点来得就是这么容易。

有一点需要注意的是，抓热点有一个基本要求，就是你要对自己的粉丝和观众有深入的了解，知道他们的兴趣喜好，抓住真正的热点。

突发性热点带来的瞬间流量和热度是非常可观的，然而就如前文所说，突发热点是可遇不可求的。偶尔蹭一回爆点很容易，但是蹭一辈子突发爆点就是天方夜谭了，如果你只能靠蹭热度来维持自己的流量，简直就是内容运营的悲哀。

因此，对于微视频内容运营者和营销者来说，想要制作爆款微视频内容，不能单靠蹭热度，实打实的综合能力才是制胜法宝。只有这样才能不断输出高质量的内容，成为爆款指日可待。

需要注意的是，谁都想做爆款，但是大家还是要做一个“佛系”创作者，怀着一颗平常心，命里有时终须有，命里无时，也莫要强求，用力过猛，反而会不进则退。总而言之，不论何时，爆款微视频内容还是要靠内容质量说话。

5.4 UGC 还是 PGC

不管微视频行业未来如何变化，最终还是围绕两种形式展开：

第一种：UGC 产品，如抖音、秒拍、快手、火山小视频、美拍等；

第二种：PGC 产品，如今日头条的西瓜视频等。

2017 年 6 月，今日头条旗下的独立微视频平台“头条视频”正式更名为“西瓜视频”，这次改变的不仅仅是名字，还是今日头条全新业务升级的表现，同时也表明，今日头条正式拥有了自己的独立品牌。“西瓜视频”背靠今日头条这棵大树吸收了不少流量，又掀起了一场关于 PGC 和 UGC 的热烈讨论。

那么，对于微视频的内容运营，究竟是 PGC 还是 UGC？

所谓“九层之台，起于垒土”，要知道是 PGC 还是 UGC 好，我们首先来了解一下 PGC 和 UGC 的概念。

什么是 UGC

UGC 的全称是 User Generated Content，意思是用户生产内容。例如，朋友圈里的小视频就是典型的 UGC，以及微博、秒拍、美拍、抖音中的微视频，也都属于 UGC 的类型。

微视频 UGC 产品大部分都是普通用户自己产出的内容，由此引发一些关注，产生商业价值。

从宏观上来看，在微视频领域，发展最早的就是 UGC 产品。在国外微视频行业，YouTube 于 2005 年正式成立，卖点就是 UGC。但是不到一年的时间，YouTube 就被谷歌以 16.5 亿美元的价格收购了。同年在中国，土豆网喊出了“每个人都是生活的导演”的口号，立志做中国的 YouTube，同类网站如 ku6、优酷、六间房等也纷纷成立。

但是，由于国内市场发展还不够成熟，大众接受力不够，以及其他种种压力，经过 3 年的发展，中国的 UGC 进入了“低谷”。UGC 设备不够普及，宽带费用太高昂，都是造成 UGC 濒临夭折的原因，说到底还是吃了没技术、没背景、没市场、没资金的亏。

在这之后，中国的视频市场经过几年的成长，也经过几次风口的变化，兜兜转转还是回到了微视频上，UGC 微视频逐步实现复兴与爆发是一种必然。特别是在如今智能手机和移动网络全民普及的今天，UGC 又恢复了往日雄风。UGC 之所以能够起死回生，并且势头越来越好，主要原因是由于互联网资费越来越低；移动互联网时代已经来临，网络社交已经成为潮流。

现在，有不少人气网络社交平台流量呈现空前之势，一大批微视频创作者在快手、秒拍、美拍、小咖秀等 APP 上迅速蹿红。之后，随着 4G 网络的普及，各种套餐资费越来越优惠，加上 UGC 与生俱来的社交功能，因此，UGC 微视频的再次崛起不是偶然，而是必然。总结起来，UGC 微视频有以下 4 个特点：

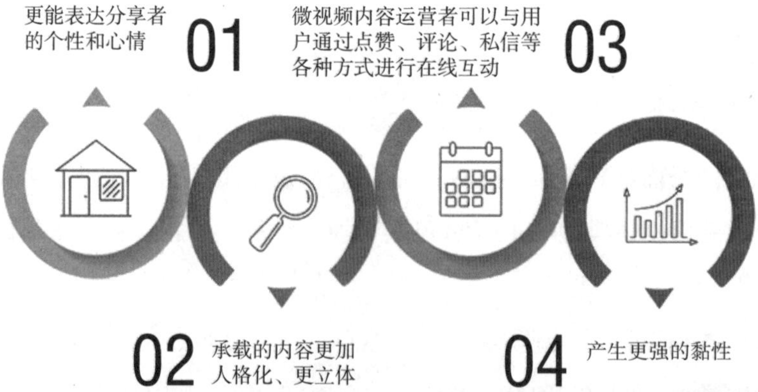

图 5－5　UGC 微视频的 4 个特点

总之，UGC 和流量就像是一对伉俪，只要有 UGC 的地方就有大批的流量，加上微视频内容运营者和用户之间的高互动频率，所以 UGC 是微视频内容的“根据地”。

什么是 PGC

PGC 的全称是 Professional Generated Content，意思就是以内容为主，有专门的团队，针对特定的主题及人群，制作出来的内容，如电视节目、报纸杂志、新闻资讯等。现阶段的 PGC，基本上是把 UGC 内容更加细致化、精美化。

其实，对于 UGC 和 PGC 的定义还是很多的，有一种说法为：UGC 是业余生产内容，PGC 是专业生产内容。如果追根究底，这种说法并不是很准确。例如，那些科班出身，有着专业技能的用户，他们一开始做出来的内容逼格就很高、很专业，但是他们依然是 UGC。

其实，UGC 和 PGC 最大的区别就是，前者是用户生产内容，其中也有很专业、很精致的内容，但是从整体上来看，其相对粗糙和原始；而 PGC 主要由专业团队打理，各个环节都有专人负责，制作上会更加精良，效率也很高。

PGC 之所以有今天的成就，与 UGC 多年的沉淀分不开，可以说 UGC 刺激了人们的参与欲望，让他们愿意拿起手机记录生活，分享创意。同时，随着社交网络的发展，特别是微博、美拍等应用在生活中的比重越来越大，几乎让人离不开，让人们有更多表达自己的方式。这些恰恰为 PGC 的爆发奠定了坚实的群众基础。

纵观 PGC 整个发展过程，其实 PGC 也有沉淀。从 2009 年开始，优酷作为视频网站的龙头老大，率先开始了“自制剧”的试点，随后，爱奇艺、腾讯、搜狐、乐视也渐渐加入自制网络剧的队伍。

一直到 2014 年，网络自制节目和自制剧呈现爆发式增长，据统计，2014 年网络剧制作集数达到 1700 多集，这个数字几乎是 2013 年的两倍。后来，微视频爆发，PGC 微视频更是如雨点般打下来，纷纷进驻各大视频平台。

俗话说，“林子大了什么鸟都有”，微视频经过一段良莠不齐的发展，2014 年呈现出一种细分的发展趋势，关注度也明显提升。有数据表明，2014 年 PGC 整体供应商的规模估值大概为 16 亿元人民币，到了 2015 年，一度接近 25 亿元。

2017 年上半年，PGC 市场正式进入爆发期，大量资本和作者蜂拥而至，众多视频网站也开始 PGC 的尝试，有的甚至把 PGC 作为核心项目开发，优酷、土豆等平台斥巨资大力培养 PGC 团队，从此 PGC 质量出现 180 度大转弯，目前头部 PGC 已经形成品牌效应，逐渐向 IP 发展。

2017 年，优酷拿出 30 亿元人民币设立 PGC 产业基金，并且和阿里系资源实现了合作。除了大力支持自家和伙伴平台的项目，还大力支持那些有前途、有潜力的 PGC 团队。在变现模式上，开辟了“微视频 + 电商”这一途径。

2017 年，大量资本和 PGC 团队加入微视频制作的领域，市场呈现出一片欣欣向荣的画面。用户对微视频的需求也在增加，微视频市场对 PGC 团队的制作能力、开发能力、宣传能力、变现能力也提出了更高的要求。

2017 年，PGC 总量的增长速度达到空前的程度，估值过亿的自频道就超过 10 家，并且微视频的分发渠道也变多了。

UGC 和 PGC 哪个好

PGC 更具有商业优势

相对于 UGC 来说，PGC 更具有商业优势。首先，PGC 前期投入很小，通过病毒式传播能够迅速蹿红，吸引流量；其次，PGC 既富有创意又有趣的内容满足了人们的观看需求以及社交需求。

有看点的内容加上超高的曝光率，微视频想不红都难，到了这一步，流量变现就是手到擒来的事情。正因为如此，对大多数 PGC 内容运营者来说，沉淀粉丝成了头等大事，甚至要把粉丝当成“金主爸爸”，粉丝爱看什么，你就要拍什么，这样才有发掘的潜力。

PGC 视频内容被用户认可后，就会带来一项额外的收入——广告植入，把微视频和电商结合，粉丝觉得广告打得好，而自己又恰恰需要，说不定就会购买。

◎ PGC 更专业

相对于 UGC 来说，PGC 更专业，更有实力，生产的内容质量也有保证。在目前的环境下，微视频已经不是看好笑、看八卦的时代了，随着观众素质的普遍提高，大家对视频的质量也更有要求。因此，2017 年，PGC 全面爆发，自媒体、网红等不同领域的“话事人”纷纷往 PGC 的门里面挤，既带来了资本，也带来了流量。

随着 PGC 发展得越来越好，就会产出越来越多优质的内容，越来越多有才华的生产者们映入大家的眼帘。答案呼之欲出，当下，谁能抓住痛点，谁就能成为赢家。

说到这里，你可能会问：“陈老师，这样是不是说明 PGC 更好呢?”

虽然 PGC 内容更有商业价值，也更专业，但两者之间既有着密切的联系，又有差异，主要表现在：PGC 和 UGC 在同一个平台上可能会产生交集。前者说明有一部分素质比较高的内容产出，这同时也是平台的用户，如微博大 V、知乎大大和豆瓣的一些版主等。

图 5－6 PGC 和 UGC 之间有交集

UGC 和 PGC 之间也存在着差异和区别。他们一般按照有没有相关专业知识、有没有从业能力、有没有相关工作经历等要求来划分的，UGC 一般不要求这些，但是 PGC 一定有要求。

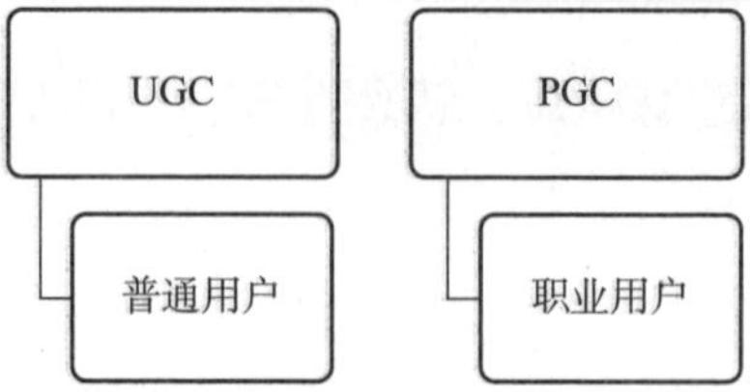

图 5－7　PGC 和 UGC 之间的区别

微视频促使 UGC 向 PGC 发展，而且，两者呈现一种交融的趋势。如果两者能够融合，那么对于微视频内容运营者来说，既能降低运营成本，又能提高用户忠诚度，还能带来流量，可谓一举多得。《晓说》《奇葩说》《火星情报局》等优秀 PGC 内容就是典型的例子。

从 UGC 发展到 PGC，再发展到二者的融合，看起来仅仅是微视频的发展史吗？不是的，这其实也是整个网络文化的发展历程。从早期的零投入、粗制滥造，到现在的资本进入，微视频呈现产业化发展，PGC 能否刺激微视频迅速展开差异化竞争，摆脱版权的束缚，是一个非常值得思考的问题。

综上所述，对于微视频的内容运营来说，UGC 和 PGC 各有所长，要综合利用。

UGC 流量巨大，有天然的社交属性，尤其是对于初期微视频营销者而言，这是一块很好的试金石。他们不但可以将自己的作品“UP”上去进行试水，还可以通过与网友的互动以及与网友的反馈来进行内容的改进、思路的调整。

而 PGC 视频内容则更加精良、专业，其门槛高，但同时也具有更大的商业潜力，尤其是在商业变现方面，它比 UGC 有更强的论价能力。

因此，UGC 和 PGC 对于微视频营销者而言，都非常重要，“一个都不能少”。

5.5 微视频内容电商应该如何运营

消费群体对内容碎片化以及可视化的需求越来越高，尤其是“内容 + 电商”模式对于销售场景氛围的营造，让消费者在观看微视频的过程中，受到情绪感染产生共鸣式的体验，从而激发消费者的购买欲望。

“内容消费 + 大数据 + 全渠道”，这是淘宝所透露的未来趋势，在这个趋势指导下，阿里巴巴将由传统广告电商摇身一变，进化为内容电商。据淘宝产品平台总监陈镭称，2017 年淘宝内容消费有 170% 的增长量，仅仅“淘宝二楼”一个栏目，就吸引了超过 6000 万人驻足围观，有些内容电商的销售量甚至增长了 200 倍，相关商品销量超过亿元大关。

窥一斑而知全豹，通过这些数据，我们可以清晰地知道，热点内容与热点消费相辅相成。凡是参与 IP 关联销售的天猫店铺，有些新客户的比例甚至高达 65%。可见，“电商 + 内容”具有极强的生存力和感染力，品牌通过强化 IP 及热点内容的创作、传播，可以将 IP 粉转变成品牌粉，从而真正实现品牌升级。

电商与微视频相互碰撞就形成了内容电商。那么，什么才是内容电商的真正本质呢？内容电商是一个以高质量 PGC 内容来与消费者进行沟通的电商模式，通常是用好的内容来引导用户消费。那么，微视频内容电商应该如何运营呢？

电商结合微视频内容与图文内容的区别

要知道微视频内容电商如何运营，首先我们要了解一下微视频电商使用微视频内容与图文内容的区别。

以往电商都是用大量的产品图片配上文字——这种偏平面化的内容进行导购的。微视频形象生动性、立体化的特点完美地弥补了传统图文模式的不足，它对消费者在视觉、听觉等感官上的刺激，在氛围与情绪渲染上更显细腻、感性、立体。一张拍摄精良的“图片 + 内容”或许可以清楚地介绍出一件产品，而一段几分钟的微视频则能把产品表达得更加精准与细致。微视频可以牢牢抓住消费者一切碎片化时间，高效地将碎片化时间转化为碎片化的消费，并抓住消费者的眼球，提升一定时间内的消费次数。

同时，微视频还可以弥补传统图文无法完全展现的视觉声效效果，以及其给用户在情绪价值的输出与氛围渲染上都更加细腻、精准、立体化，这是图文的属性所无法比拟的。如果说一件产品或者一段内容可以在一张图片上展现得淋漓尽致，那么一段 5 分钟之内的微视频可以表达的内容更是超乎想象。

虽然微视频的好处显而易见，但是传统图文并不会完全被替代，只是当视频影像更具表现力和感染力的时候，一部分图文内容会被替换下来，所以，微视频终将成为新型的内容载体。

据统计分析，消费者平均需要大约 1.16 分钟的时间来阅读一条图文广告，而观看一条微视频的平均时长大约是 1.62 分钟，由此可见，浏览图文与短视频所用的时长非常接近。虽然微视频制作的预算成本要比图文高，但是微视频具有良好的消费者转换率，转换流量的门槛也比较低。用户极容易通过好的微视频内容转化成为品牌的粉丝。

对消费者而言文字信息较为抽象，用户需要“脑补”的地方有很多，很多对于图文无法一一展现的信息，对微视频而言却更加精准。例如，要做一双运动鞋的相关微视频，首先可以采用动态的场景化来准确地展现它的合适性、功能性及材料成分等，并用通过视觉、声效的重重表现，使得用户无须多费神就可以将信息全部吸收。这其实大大降低了商家的营销成本，更好地提升了品牌的内在气质。

微视频内容电商运营的形式

微视频内容电商运营的形式主要有以下4种：

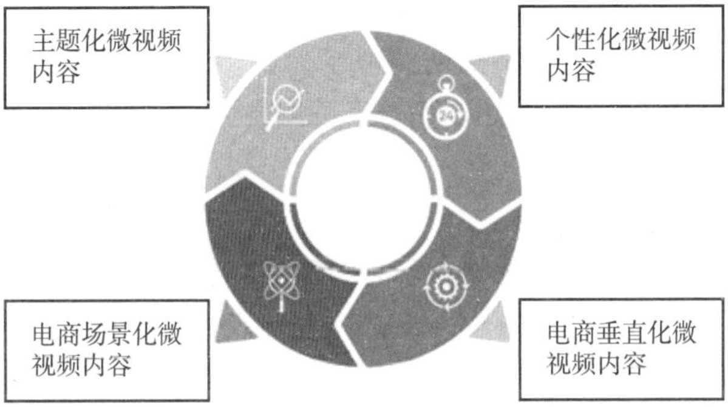

图5－8 电商与微视频内容结合的4种形式

◎ 主题化微视频内容

针对消费群体，怎样才能制作出优秀的微视频内容呢？首先我们要准确地找到自身产品的内容定位。现在电商的内容，分类众多，有数码电器、文具书籍、美食生活、美妆服饰、母婴亲子、旅行运动等，在制作微视频之前，我们需要明确了解主题方向。我们不妨把所有类目加起来，看作是消费者明天的“生活方式”，那么我们的微视频就围绕着生活方式这个大前提，去制作不同的分支内容，将内容主题化，如“旅游＋微视频”“服饰＋微视频”“运动＋微视频”等。

◎ 电商场景化微视频内容

以后的电商时代将越来越场景化，不同场景由不同的产品所组成，这一切支持着用户发生购买行为。“产品即场景”——这就是场景与产品新的关系，越来越多的产品需要不同的场景去体现，而独立的场景又会被植入不同的产品中，场景与产品将组成一种彼此密不可分的关系。可以说，电商由产品带领进入了场景化时代。那么，怎样做好场景化内容就成了我们的首要任务。

从“场景化内容+电商化”切入，让用户重新选择定义每一个场景。那么场景的设置就会成为考核是否最终促成交易的核心问题，而产品则变成了满足不同场景下最终解决问题的方案。面对用户在场景化的交叉点问题，我们通常的做法是将不同的产品置于各自的场景中，等待用户选择消费这个场景下的相关产品。与父母交谈、和朋友一起逛街、在家里做家务等，都是微视频的场景化内容。我们需要的是研究更多消费者身上所能出现的场景，并与我们的产品相结合。对产品开发的成熟度，取决于我们模拟出场景的数量，由此可见，场景的不断积累会使产品的功能开发越发完善。

如何引起用户在不同场景状态下的共鸣，并且可以同步促进粉丝与品牌的关系，从而达到提高品牌销售额与内涵的目的。这些都是做好微视频的场景化内容要解决的问题。以女装微视频场景化营销为例，首先我们需要设计并解决不同场景下的穿衣搭配方案。在约会的场景下，消费者会遇到怎样搭配的问题，如何用微视频内容展现一个完美的解决方案呢？朋友聚会的场景下呢？相亲时呢？面试时呢？相信这种紧密结合了场景化的短视频内容，才会受到用户喜欢。

◎ 电商垂直化微视频内容

电商发展的新趋势是“社区+内容+电商”，因此我们看好的“内容电商”也将成为淘宝发展的方向。那么，什么是电商的垂直化内容呢？

简单地说，就是在有效的时间内，直观并垂直地将产品或者品牌的优势展现在客户面前，并提供更加便利舒适的生活方式，以此来解决消费者在生活中遇到的种种问题，从而间接地吸引用户产生购买行为。

内容电商怎样才能使微视频更加垂直化呢？这需要我们细分消费者，使得受众也具有比较强的一致性。例如，一个美妆博主，她在做化妆微视频的内容时，首先会一一展示在微视频中将要使用的美妆产品。而她的受众一般以年轻女性为主，她们都是对美妆抱有极大兴趣的粉丝群体，也是电商们的潜在客户。所以，当她们看完美妆微视频后，为什么不去美妆博主的店铺采购一番呢？

再如，做生活家居的天猫店铺，如何做好此类目下的微视频内容呢？视频内容一定不能偏离生活家居。在一个 2～4 分钟展示新款拖把的微视频里，将这款拖把与轻松、便捷做家务活的技巧结合起来，加上拖把安装的视频教程，使消费者从中收获更多有价值的信息与帮助。用微视频的方式来回答疑问的同时，重视给受众带去更多的附加价值，这也是电商在做垂直化微视频内容时应该思考的方向。

◎ 个性化微视频内容

总有一些题材相近或相同的微视频特别受到商家青睐，以至于在各社交平台中，被许多商家反复播放。刚看到时或许会觉得很新鲜，时间久了用户就会产生审美疲劳，兴奋点也随之降低。所以电商需要持续释放新鲜度，才能收获更多的流量。

只有极具个性的创意构思才能紧紧抓住客户的心。例如，女装的电商要怎样做到微视频内容中持续具有吸引力呢？首先看看在女装类目下我们能够展开的内容范围有多大，从中构思出一个能够吸引用户停留下来思考的点，最好是让消费者在看完之后能自发学会一些东西，这种寓教于乐是令人偏爱的内容。同时，微视频不一定非要和品牌有直接关联，微视频只需要在粉丝面前展现出他们喜欢并向往的生活方式就可以了，这样才能收获粉丝对品牌的好感。

5.6 新零售下的微视频如何进行内容运营

如果要问2017年哪个词最火，那么“新零售”必将占据半壁江山。综合各商界大佬对新零售的定义，我认为，新零售是以信息技术（大数据、物联网、AI等）为驱动，以满足消费者各种各样需求的购物场景为核心，将线上线下的人、货、场三要素进行重构，形成的服务型导向商业业态。

从2016年开始，消费者的消费行为发生了巨大变化，那就是“全渠道，任何时间、任何地点都可以购物”。对微视频内容来说，结合新零售是一个优化电商基因的好机会。新零售除了对渠道进行融合之外，整个零售业售卖的方式也在发生变化。为了更好地适应“80后”“90后”的消费习惯，从商业娱乐化的角度出发，传统货架式的销售，转变为与互动娱乐相结合的新消费场景模式和营销模式。在这种新型互动关系中，数据化和内容运营方式也同样在发生变化。

那么，与新零售相结合，微视频内容应该如何变化？新零售下的微视频又该如何进行内容运营呢？

与新零售相结合，微视频内容应该如何变化

围绕新零售重点讨论的“场景、消费者、商品”三大方面，着重从以下几点来挖掘答案。

◎ 围绕着“人、货、场”，升级微视频内容场景

时至今日，网络购物已经越来越人性化，当我们支付完毕后，不仅可以随时查询配送情况，还可以查看安装人员的详情，甚至可能会收到来自商家的互动信息，如安装过程中需要注意一些的事项等。

置身在这样的场景中，消费者与商家之间的连接变得更加亲切，更加人性化，消费者与商家之间再也不是冰冷的线上交易，而是在契约关系中能愉快地彼此交流。这种优势移植到微视频内容上，就是充分发挥微视频本身所传达出来的、以交易全部流程为基础的信息服务。

首先，微视频的重点需求是提高内容的创意性，这样才能更好地抓住年轻群体的眼球，刺激他们的消费欲望。我们经常需要将传统式售卖与互动娱乐结合起来，例如，在促销页面中插入具有创新性和趣味性的互动微视频，使促销商品不仅有图片式展示，还有更多令人眼前一亮的东西。

其次，在商品展示中插入营销内容也值得我们去尝试。尤其是“边看边买”的微视频模式进化出了更多、更生动的互动娱乐方式。当 Wi-Fi 环境下消费者打开品牌页面，可以一边观看微视频，一边把心仪的商品放入购物车，这时我们可以巧妙地在播放时间节点上设计一个弹出优惠券或者相关商品的售卖窗口，而不是像以前那样只是把商品排列在视频下端。这类互动视频要比传统模式的视频更受客户的关注与青睐。据不完全统计，使用这类互动视频，消费者品牌团平均停留时间都在 40 秒以上，转化率也有明显提升，这一点在无线端表现得尤其明显。

最后，新零售带来丰富多样的微视频内容场景，可以说“无一处不可消费”。无论是百货公司、购物中心、大卖场、便利店，还是线上的网店、各种文娱活动、直播活动，都将成为消费的绝佳场景，各种移动设备、智能终端、VR 设备等将发挥重要的作用。只要我们合理利用手里的传统渠道资源，优质的微视频内容就会自然渗透，扩散到更加广阔的线上、线下渠道之中。

天猫金妆奖的每个品牌对于“新零售时代”都有自己独到的见解。例如，

高端进口品牌法国娇兰，选择使用讲故事的方式来打通线上、线下渠道，拥有娇兰口红即拥有了“爱和梦想”；而作为本土老牌美妆品牌的上海家化，则是选择综合旗舰店这条路，来打通全品牌全部环节。这一切，对于微视频内容运营而言，意味着在内容分发渠道上将有更多的机会。同时，微视频内容创作团队也将收到许多来自线下和非常规视频分发渠道的邀约，其中或许会有纯正渠道和品牌渠道伸出的橄榄枝。所以，未来微视频内容的核心价值将会是，如何为品牌量身定做专属故事。

◎ 以“用户服务”为出发点，关注商品内容本身

如今的消费者不再只关心商品的性价比、功能、设计、价格、售后等指标性数据，而且更关心商品的个性化需求，以及拥有值得在圈子里晒一下的内容，甚至商品背后的互动体验、价值认同度及参与感。

针对客户这样的商品诉求，需要我们全面提升商品服务。传统的商品销售链是从购买到交货就算是结束了。但是现在，新零售已经对用户服务进行了一轮升级，商品链上也会回应一个逆向的升级。即购买了商品的消费者，一旦想要退换货，他们就可以借助阿里巴巴平台自由地选择退换货的方式。邮寄、上门或者到店都可以，消费者只要选择自己最为便利的方式完成退换货流程就可以了。这些举措，对微视频内容运营意义深远，他们将会越来越在意商品的说服力优势，努力挑选出粉丝真正喜欢，并符合预期的商品。这样微视频内容的打造，会真正以“用户服务”为出发点，向消费者传递其所需要的商品价值信息，适合“种草”的品牌，并协助品牌方完成对潜在消费者的“割草”决策。

第二个需求是供应链的升级，这无疑为微视频内容运营提供了供应链管理上的便利。阿里为了将供应链与流通链由复杂向简单转变，提出了“全供应链数字化”的口号，大大简化了供应链与流通链，此后供应链前端变得越来越灵活；而数据化管理实现了库存最优化，在走向“零库存”的道路上又迈出了一步。

微视频内容还可以收集用户相关数据，并进行整合成为新供应链和商品优化方面重要的市场参考。结合未来平台注重个性化“千人不同面”的营销趋势，将现有的消费者流量做一个比较精准的导向，使他们投向具有符合该人群标签的商品上。这一切都表明未来的微视频内容运营将把更多的关注放在商品内容本身的研究上。

◎ 个性化与特色是微视频内容的发展趋势

在如今的 DT（Data Technology）时代，商家、品牌和企业可以对消费者进行更清晰的画像，包括性别、年龄、收入、特征等都可以进行画像，直至完成全息清晰的画像。所以，将内容作为一种特别的服务传递给消费者，本质上是一种基于消费场景的感性诉求。不得不否认，那些拥有众多女性消费者的族群和品牌具有天然的优势。通常的消费观念让我们认为男性在购买决策上更偏于理性，但是开拓新客户关系是偏重感性的，他们不仅仅是消费者或者客人，更是你的粉丝。

那么，这种用户和品牌之间的情感连接是怎样做到的呢？我们可以以许多活跃在互联网平台的微视频内容运营为范例来分析。

例如，为强化品牌 IP，与品牌做跨界合作的“日食记”，采用定制包装取代了普通的二维码，喜欢烹饪的姜老刀，将“日食记”IP 定位为人格化鲜明的美食平台，在包装设计上采用了小清新文艺风格，其与“coffee PLS”“tea PLS”合作出品的咖啡挂耳包、花草茶包等产品一律延续定制包装，坚持走小清新风格之路，并印上了姜老刀亲自操刀的酥饼猫卡通画像，IP 的风格更加鲜明，深受年轻女性的追捧。

“门牙”受年轻人青睐是有原因的，比起其他微视频团队，“门牙”关注的话题非常年轻、诙谐，特别迎合当下“90 后”的喜好，充分满足了“90 后”“95 后”人群对彰显个性化的追求。例如，“拿下‘90 后’小鲜肉的正确姿势是什么？”内容具有话题性加上诙谐的原创娱乐化视频，还有网红和美食，这一切都让消费者迷醉于广告之中，“门牙”用情怀大做文章，从而唤起了粉丝们的味蕾，顺利完成购物引导的美食场景消费，达到真正内容营销推广的全链路。

从上面的例子可以看出，个性化与特色是微视频内容的发展趋势，一方面我们需要将品牌 IP 人格化，另一方面需要将受众人群精细划分，在强化人格属性标签的同时，尽量弱化社会属性，这样才能吸引更多的年轻人。

新零售下的微视频内容运营

实现数据化运营，使每个环节都能做到数据支持——是新零售最为重要的基础。在此基础上，新零售微视频的内容运营具有以下三个核心内容：

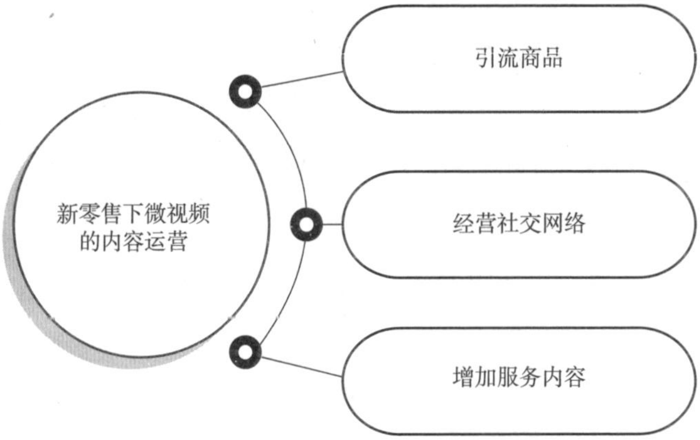

图 5－9　新零售下微视频的内容运营

新零售具有的“数据银行”可以为微视频内容运营提供许多有力支持。阿里有一个专门的品牌——数据银行，这个经过国际标准认证的银行能帮助品牌建立完整的消费者数据资产管理。就像钱在市场上流通一样，数据银行可以随时统计品牌线上线下与消费者的每一次互动，追踪客户的全链路情况，并在整个阿里巴巴大生态体系内发生“化学反应”，从而产生商业价值，帮助品牌积累客户，进一步催化品牌与客户的关系，给品牌带来新的价值。

想要结合新零售将微视频内容运营做得风生水起，首先要具备以下五大综合能力：

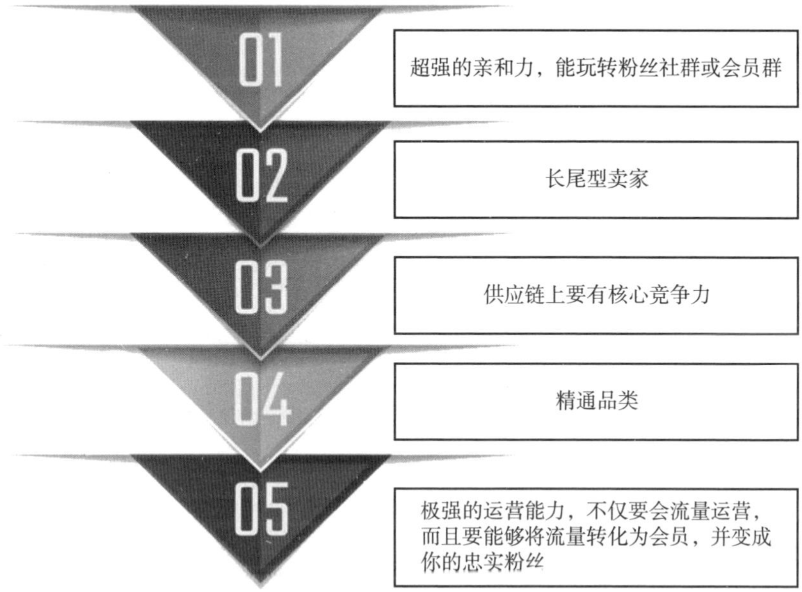

图5－10　新零售下微视频内容运营的五大综合能力

除此之外，商家、品牌和企业还要像阿里一样，懂得利用数据进行微视频内容运营。下面从微视频内容运营的阶段来具体介绍新零售下如何利用数据进行内容运营。

按照微视频运营的时间，我们可以将其划分为以下两个阶段。

◎ 内容运营初期——用数据定位内容和商品选品

微视频内容运营初期，如何定位内容和商品选品方向是数据主要运用的方向。

播放量、点赞数、播放完成率、退出率、平均时长、用户来源、进店流量以及来源等，都是我们在初期需要注意的数据，我们用这些数据来判断客户的喜好，看看客人们喜欢哪些微视频内容，这些受欢迎的微视频有什么共同点。

举例来说，如果看到微视频内容的60%的客户都选择点击进入页面，就说明这个商品的内容和认可度很不错。但是如果没有什么人购买，即成交转化率很低，十有八九是商品详情介绍页有问题。如果客人进店后目标商品没有发生转化，而店铺的其他商品转化不错，这就说明我们在选品时还需要多多考虑。

等微视频内容上线有一阵时间的累积之后，把收集的数据拿出来仔细分析，就会得到他们的共性特点。新的微视频内容就可以在此基础上，慢慢进行优化改良。摸索试行一段之后，才能找到适合自己的内容风格定位、选品范围、IP 定位等。

◎ 内容运营中期——用数据决策接下来的运营重点和弥补电商基因的缺陷

当我们已经稳定发布一段时间之后，在数据采集上也有了一定的收获。这时，新零售数据银行的作用有两个：一是用来决策接下来运营重心应该偏重在哪个板块上；二是用来缓解微视频内容运营电商基因的缺陷。

怎样更好地经营粉丝群和增加后续服务内容，是这个阶段内容运营的重中之重。从新零售实质来分析，电商的粉丝经济其实就是微视频内容运营的最终本质。纵观 2017 年“双 12”TOP 店铺，基本都是网红店，所以粉丝运营真的非常重要。回头客多的老店，每次新品铺开也十分迅速，以淘宝为例，2017 年上新做得不错的店铺，基本上都是口碑好、老客户多、维护给力的店铺，要知道维护老客户比开拓新市场寻找新客源的成本低。

如果微视频内容运营发现了一个好商品，又能保持一颗想好好维护粉丝的心，再加上维护工具也不错，就会在新零售的大潮中，成为令人艳羡的弄潮儿。

总而言之，想在新零售时代举起微视频内容的大旗，需要有清晰、独特的内容黏合目标人群，再依靠电商直接变现。只有牢牢掌握了消费者与商品属性之间的高度匹配秘诀，商品转化率才会有明显的优势。

PART 3

营销篇

第 6 章　微视频营销为何被称为品牌营销利器

2017 年 9 月，抖音微视频以“潮范儿抖 In 颠覆视界”为主题，开启了品牌微视频营销，协同广告共同探索微视频广告创新的新玩法，由此也开启了品牌深度参与微视频营销的大幕，微视频营销被业界称为品牌营销利器。

6.1　什么是微视频营销

如今，流量、宽带、资费、终端等都已不再成为问题，尤其是在视频移动化、资讯视频化和视频社交化的迅速带领下，微视频营销正在成为新的品牌营销市场和风向标。

何为微视频营销

在本书的第二章里，已经详细地讲述过什么是微视频，并告诉大家微视频只是视频里的一个类型。这就意味着，微视频营销只是视频营销的一个细分类型，在认识微视频营销之前，我们需要先了解一下视频营销的概念。

所谓视频营销，是指商家、品牌或企业以视频的形式放在互联网的各大平台上，以达到营销推广的目的。其中包括电视广告、网络视频、宣传片、微电影以及如今流行的直播。

例如，2016 年 5 月 25 日，雷军通过小米直播平台直播“小米无人机发布会”（实为增强与粉丝的互动），如图 6－1 所示，直播观看的人数超过 100 万。同时，爱奇艺、bilibili、CLBN、第一财经、斗鱼、凤凰科技等 20 多个直播平台同时播放，总观看人数超过千万人，成为第一个进入“微视千万俱乐部”的企业级用户。

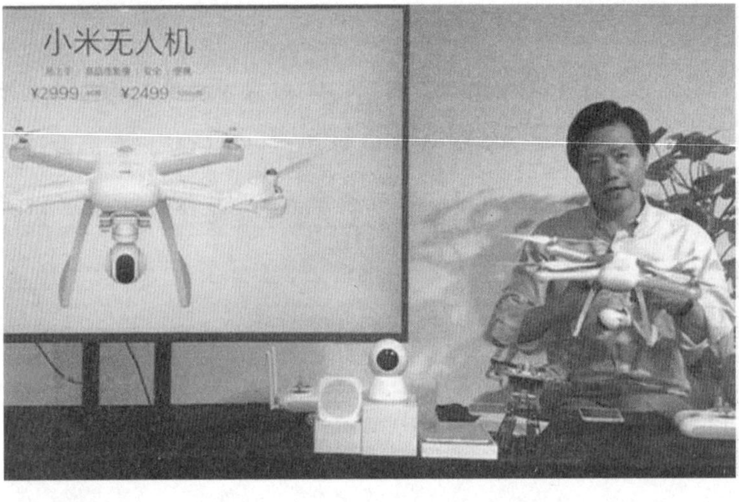

图 6－1　小米创始人雷军直播

与视频营销相比，微视频营销起步较晚，大概是在最近两年。当微视频社区或平台大量兴起后，一些商家、品牌和企业才开始尝试着通过微视频来树立企业形象，推广产品，吸引更多客户。最先涉足微视频营销的是互联网企业，如腾讯、网易、乐视、陌陌、小米等。他们或开通自己的直播平台，或开始利用第三方平台进行微视频直播，带动消费等。

与此同时，很多传统企业也开始布局微视频，小米手机官方微视已突破 6 万粉丝；杜蕾斯官方微视已突破 2 万粉丝；宝马中国官方微视已突破 3 万粉丝。有的企业通过开设微视频官方账号，如饿了么、海底捞、杜蕾斯、宝马中国等，每天向用户提供优质的内容，以此来聚集大量粉丝。然后，在此基础上对品牌、商品资源进行整合、包装，进而进行传播。这也是大多数企业对微视频运用最重要的一种方式。

例如，海底捞结合时下最热的微视频，直接进行产品和服务营销，首次公布了新品捞派滑牛肉的“捞派秘方”，两三分钟的视频演绎了海底捞“久煮不老”的传说。同时，海底捞还附送了三种创意吃法，让顾客在家也能学会多种吃法，享受多种美味。

联合利华通过微视频为其调味品品牌家乐，进行了主题为“熬·出真味”的时长两分钟的宣传活动，并在微信公众号、朋友圈广为传播。微视频中演示了多种菜肴的烹饪方法，通过烹饪的过程，强化消费者对该品牌调味品的了解。

在过去，像上面这样的宣传和推广，多半要邀请自媒体报道才能获取数万用户关注。微视频由于时间短，互动性强，比较灵活，逐步成为商家、品牌和企业宣传自我的重要工具，而消费者也因为其使用的便捷性非常喜欢这种互动方式。可见，微视频营销在未来将会成为一个主流与趋势。

无论是小米、淘宝等新兴企业，还是海底捞、联合利华等传统企业，已经用完美的案例诠释了微视频营销的概念——商家、品牌或企业通过微视频的形式，向用户传达产品、服务或品牌的信息，以达到营销、推广的目的。

除了商家、品牌或企业直接运用微视频做营销外，有的企业开始与微视频达人进行合作，通过他们的微视频进行产品植入或品牌植入，利用微视频达人的高人气和影响力传递出品牌和产品的信息。

微视频对营销的作用

随着微视频的盛行，微视频营销这种让人耳目一新的营销方式受到了商家、品牌或企业的关注。微视频营销作为如今营销方式的重要支柱渠道，微视频已经逐渐成为各大商家、品牌和企业日益认可的重要营销手段之一。那么，微视频营销如此受欢迎的原因又在何处，它究竟能够给企业带来多大的帮助呢？下面对微视频营销的特点与优势进行总结与分析，给出一些个人见解。

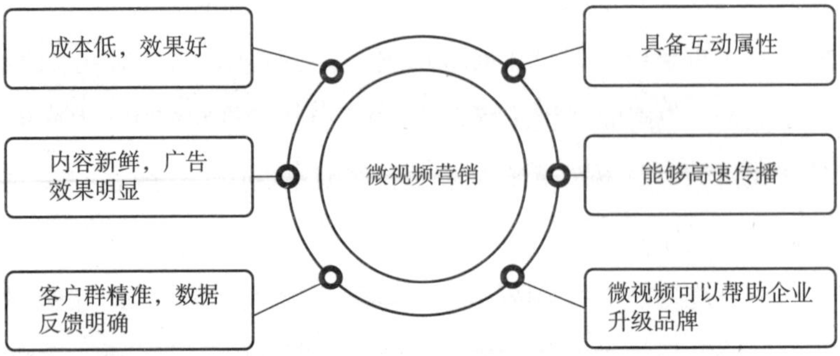

图 6－2　微视频对营销的 6 个作用

◎ 成本低，效果好

与在知名电影或电视剧中进行广告植入所产生的巨额费用相比，微视频的制作成本可以说是极低的，并且那些受欢迎的微视频往往具有精彩的情节或者强大的感染力等特点，能够快速引起观众情感上的共鸣。而恰恰就是产生的这些共鸣，使观众往往自发地宣传和推广这部微视频，通过这些免费的宣传，企业自然省去了一大笔宣传推广的费用。

微视频营销除了需要拍摄成本，几乎不需要其他任何成本费用，微视频平台、上传微视频、观众评论等都是免费的。例如，优酷自制系列微视频《万万没想到》，就是一个时长仅四五分钟的无厘头搞笑微视频，制作所耗时间不超过 3 个月，投入成本也不过百万元，但是却获得了数以亿计的点击量，取得了非同凡响的成绩。眼下，这种低成本、高利润的营销渠道，无不让人心动。

◎ 内容新鲜，广告效果明显

如今广告业的发展，令人们对那些每天重复播放的广告早就心生反感。无论是电视剧正片的片头还是片尾广告，更不用说片中插入的广告，往往引起用户的厌恶和反感。而微视频无论是内容还是形式，都能给用户带来极大的新鲜感，其作为一种新兴的营销模式也正在逐渐被普遍接受和认可。

一部优秀的微视频，不仅能够给客户带来观影愉悦感和视觉享受，而且片中宣传的产品会给用户留下深刻印象，广告也不再是一种强行插入。例如，万合天宜影视文化有限公司与优酷网合作的微型自制剧《报告老板》，就可以作为广告微视频的典型。该剧独创性地将目光聚焦“电影职场”，立志投身电影事业的主角们为了满足客户千奇百怪的需求，凭借他们自身对电影情节的独特理解以及用脑洞大开的奇葩思维“调戏”烂片、重新解读经典。在他们极具创造性和个性的作品中，主角不再是自带光环的“神”级人物，而被改造成了对人性的调侃和充满独特生活趣味的“普通”人。

在《报告老板》每一集中都有广告植入，广告商们更是五花八门，其中就包括手机淘宝、剑网三、雷霆战机手游等，比起通常所看到的植入性广告，《报告老板》的植入方法可以说是有些“厚脸皮”，强势为广告金主们代言，剧中有类似于“哎呀，这一集我们好像还没有给客户植入广告呢”，以及“既然都到了片尾，我们就硬植吧”之类的台词，光说不练假把式，于是他们就堂而皇之地尝试着以调侃硬植的方式进行广告硬植，然而这种方式却偏偏受到了观众的喜爱。因为广告已经成为微视频的一个情节和笑点，成为其中的一部分，让观众感到无可奈何却又欣然接受，于是微视频就将广告变成了娱乐，娱乐变成了广告，而这恰恰就是微视频的魔力所在。

◎ 客户群精准，数据反馈明确

从微视频的发展史中我们不难发现，微视频是属于互联网一族的，而微视频覆盖的人群主要是“80后”“90后”。当然，随着互联网完全成熟和普及，“70后”“60后”也在逐渐接触微视频。但是，无论是内容形式还是传播形式，微视频营销面向的主人群是年轻人。

近年来，移动互联网时代渐渐进入寻常百姓之家，微传播也成为人们常常提起的话题，无论是微博、微信还是微视频，它们的优势就在于营销更加精准、目标受众明确。人们也早已经告别了过去广撒网、轰炸式的营销方式。现在的微视频营销更加精细化，针对消费群体类型、性别、年龄等差异，进行细分化营销，追求用户的互动与分享，堪称一对一的服务。

◎ 具备互动属性

微视频作为一种新兴的营销模式，更加具备互动属性。通常来说，一部微视频上线之后，用户参与到微视频营销活动中的方式，主要是在观看之后评论、分享与转发等，而这些操作通过大数据技术，营销者能够更直观地看到营销的效果，而且根据用户的评论，能够有效地分析出这些潜在用户群的职业特征、年龄、访问习惯、兴趣偏好等相关数据。除此之外，微视频营销的广告效果在这种互动属性中也得以进一步增强。

◎ 能够高速传播

广告的投放效果主要取决于传播的渠道是否够高效，而微视频通过结合其他微营销渠道，能十分迅速地引发二次传播与口碑传播，最终产生病毒式营销的效果，让大众在短期内就熟知这部微视频。而传统的广告渠道要想达到同样的效果，就要连续投放反复轰炸，经过洗脑式的播放，才能使该广告被人们记住。一种是主动传播，另一种是被动接受，这两种传播渠道哪个更高效，自然已见高低。

不仅如此，微视频的投放方式也十分灵活。除了 PC 端，移动端的播放渠道更是多种多样，它可以不受时间与空间的限制，随时随地投放给目标人群，轻松达到想要的效果。人们观看微视频更加随时随地，可以在火车上、地铁上，甚至厕所中。总之，如今的主流视频播放渠道，都可以看到微视频的身影，而这一点是微视频独有的。

◎ 微视频可以帮助企业升级品牌

微视频营销对于营销者来说，既是一种具备艺术性，同时又能起到商业宣传效果的一流营销渠道。而且，微视频营销是靠内容取胜，往往能够将营销的品牌文化、企业产品巧妙地与电影中的情节紧密融合，并且能够使观众在观影的过程中加深对产品的了解以及对企业的认识。

相对于普通的电视广告和视频广告而言，微视频营销灵活性强，而且收效更佳。广告界有句话，就是“最好的广告能够让观众像看电影”，而微视频的出现，正好达到了这一效果。现如今，国内许多大型企业都在拍摄微电影。

不可否认，微视频营销如今已经成为一种潮流时尚，营销者要想做好营销，微视频营销这条渠道是必不可少的，原因就在于它独特的魅力与营销价值，可以帮助我们征服许多用户。

6.2 微视频常见的4种营销模式

本节结合案例，对微视频营销过程中的4种模式一一进行分析，这将有助于商家、品牌和企业对自己的营销进行定位。

情感交流——怎样维护用户利益，如何强化用户黏性

社交——是微视频最初的定义。什么是社交？社交就是人们彼此相互交流，加深感情，绝大多数微视频社区或平台都是依照着这样的轨迹。

微视频刚刚登场，就被企业看中，而打造成为移动社交中短小精悍的新成员。2013年9月，腾讯正式上线了微视频应用“微视”，它的亮点在于开放关系链的8秒微视频分享，由此，用户可轻松将拍摄的微视频分享到微信好友、朋友圈、腾讯微博、秒拍等。这一点吸引了不少明星、模特纷纷入驻，带来的是关注度飞速上升，微视上线后在苹果应用商店的排行榜上迅速攀升，不到两天就跻身下载前十。

随后，YY、斗鱼、乐播、趣拍、微拍等应用如雨后春笋般逐渐兴起。其中，斗鱼紧紧抓住“大众娱乐”的诉求及泛娱乐的战略开拓市场，为自己迎得了不少用户的青睐。

随着互联网的兴起，微视频、直播、“网红”时代出现了。一方面，娱乐精神在人们的生活中所占的比例越来越大；另一方面，人们开始不再满足老式影视综艺作品的单向传播，对互动性的渴望越来越高。曾经因为企业的大

量涌入才具备了营销属性的微视频，现在又要回归社交属性，这对于企业或微视频本身都不是一件简单的事情，这对于企业有点左右为难，刚刚打造好的营销平台回归社交属性谈何容易？

但我们从现代营销的趋势来看，现在早已不再是直接吆喝产品的时代了，在粉丝经济时代，需要我们坐下来好好谈谈感情，粉丝们购买的不是产品，而是一种情怀和感悟。这样分析看来，企业对微视频的定位又必须回归本源，这个回归，其核心就是将微视频社区或平台再次变成一个情感交流的场所，让参与者畅所欲言，表达内心所想。

从第一个微视频到现在每条视频都有千万播放量，@小米手机在品牌营销的浪潮中渐渐找到了自己的独特方式。这或许并不复杂，简而言之就是从做营销转向做关系，只要我们与客户搞好关系，自然就会拥有客户。这需要我们将娱乐和营销放在一起，试着融合，最终创作出创意独特、观赏性极强的微视频内容来吸引用户，这样才能激发用户内心深处的认同感。

现在，许多企业在微视频上陷入瓶颈：应该突出微视频的社交属性，还是营销属性？这个问题令企业举棋不定，陷入两难境地。如果过度侧重社交属性，难以达到营销目的；如果偏重营销属性，势必掉粉严重。其实，两者并不冲突，并非不能同时拥有。

首先，企业是一个营利组织，应该坚守营销之路，微视频自然应该被打造成营销的工具。但是，在消费者看来，微视频既然有它的社交属性，为什么不回归呢？我认为，企业让微视频适时适量地回归社交属性非常重要，因为目前喜欢使用微视频的用户群体基本都是年轻人，在消费理念上较为前卫，需求也比较多样化，他们经常对某个品牌抱有忠诚心，并不是因为这个产品很棒，可能只是基于内心某种感情使然——也许是虚荣心、成就感、荣誉感等。所以，微视频完全可以转变成一个企业与粉丝交流思想、沟通情感的平台，这样做对企业而言也是百利而无一害的。

营销推广——如何有效地组织促销活动

利用微视频进行促销，展示方式的多样性是其优势部分，微视频能将图文、声音、影像等多种元素完美地结合起来，多方面、综合性地展示商品。如果企业的创意足够完美，那么视觉享受与购买行为将会很好地结合在一起，这对于观看者是极大的诱惑，一旦我们成功地吸引观看者的好奇心，让他们把目光焦点转移到产品上，那么微视频营销就成功了一大半。

例如，小米在“双 11”期间的购物节活动，在播放微视频的同时还采用了抽奖的形式来吸引消费者参与活动。并且，中奖名单也是通过微视频发布的。

微视频的内容如果足够新颖有趣，会增加粉丝观看次数，能够大大加深粉丝对产品的印象。例如，@ 杜蕾斯曾经在美拍上玩过一个魔术——消失的套套。只用一条毛巾，一个碗，一只安全套作为道具。这个魔术只用了短短几秒钟就给粉丝留下了极其深刻的印象，以至于有的粉丝为了学会这个魔术不停地重复观看微视频，仔细揣摩。重复观看和揣摩的过程就是加深对企业、产品认识的过程，也将会是最终推动购买行为的原动力。

@ 小米手机与@ 杜蕾斯这几段微视频可以说是利用微视频社区或平台来进行产品销售的最好案例。

随着移动互联网的发展，以及电商、微商的兴起，微视与美拍等微视频社区平台早已不仅仅是网民表达思想、观点和情感的舞台。许多企业，尤其是互联网企业、电商等开始重视并入驻其中，他们带来了新的微视频方向。从此，微视频社区或平台成为企业营销的前沿阵地。

微视频投入少、成本低、操作简单，而且能给企业带来远超以往任何渠道的营销利益，因此，不少企业开始计划拥有专属于自己的微视频社区或平台，一般选择自主开发或聘请相关机构代做。

目前，许多微视频已经可以直接在企业官方上网下载，说明微视频社区或平台正在逐渐摆脱手机商城、应用商店等第三方平台的束缚，踏上独立盈利的道路。

产品展示——如何对产品进行集中展示

商家、品牌和企业接轨微视频，最重要的一个原因就是借微视频来展示自己的品牌形象、宣传自己的产品，只有让消费者充分认识了企业品牌，才会进而产生购买行为。因此，商家、品牌和企业的首要任务是将微视频塑造成为品牌和产品的展示窗口，所发布的微视频也都应该时刻围绕自己的品牌、主打的产品或服务进行。

微视频极好地贴合了互联网时代人们碎片化的生活方式，因此，微视频被许多人视为全网营销时代最优秀的产品展示平台。也许很多人会产生怀疑，一个企业的形象和产品如此复杂，怎么可能只依靠几分钟甚至几秒钟的微视频来得到完整展示呢？这是传统营销思维模式下才会产生的顾虑，恰好说明有些人对微视频了解不充分，或者仍在用传统的营销思维模式考虑问题。作为移动互联网的重要社交平台，微视频最大的用处之一，就是用来填补人们生活中的零碎时间片段——满足碎片化时代人们的阅读消费社交需求，也许是 5 分钟、1 分钟，甚至几秒钟。

当小米超薄移动电源面世时，面对全球的“米粉”，@ 小米手机在美拍上仅用了 14 秒来展示该移动电源。这 14 秒的展示不可能将新品介绍得十分清楚，它只是大声向消费者宣布“我们有一个新产品问世了！”这段微视频意在吸引更多人的眼球。同时，言简意赅地介绍新产品，让大家产生极好的初步印象，形成二次转发。只有做好了上面的步骤，才能保证“米粉”们一定会对新品产生兴趣，并转发、分享到自己的朋友圈。

一般来说，微视频收获的“赞”越多，表明粉丝对该产品的认可度越高，“印象深刻，并且喜欢这个产品”，这就是微视频最希望达到的目的。

从上面的案例可以看出，无论是电商企业，还是个人微商，都急需将微视频打造成一个良好的品牌、产品展示平台，这远比直接告诉消费者产品有多好来得更有效率。

用最短的时间、最方便的模式、通过最便捷的渠道将产品推到用户眼前——这就是微视频的价值所在。传统视频方式通常利用发布会、媒体报道、PC 端视频展示等，整体速度比微视频慢的不是一星半点，直接后果就是导致用户接收的时间与反馈会比较漫长。

因为微视频时长较为短暂，我们需要注意，在利用其展示产品时，需要迅速抓住产品最核心部分，准确击中客户最迫切的需求，让消费者在第一时间就获取自己所需的信息，如学习知识、体验乐趣或者其他各种需求。

知识传播——如何帮助用户更好地了解产品

企业将微视频视为一个好的产品展示、营销推广平台，那么我们是不是可以进一步把微视频定位成供用户学习、休闲和沟通的知识性平台？如果可以，企业在全方位展示自己的同时，与用户交流也会更进一步，还能不断强化用户对品牌和产品的忠诚度。

目前这样做的案例极少，但这个设想并非纸上谈兵，消费者点开微视频，不仅为了获取产品信息、购买产品，还有体验乐趣、学习生活技巧等其他诉求。这时我们可以设想：如果你卖化妆品，除了展示与推销化妆产品以外，再加上一点化妆、美容等相关知识，你会更受客户喜爱；如果你做美甲，可以加上一些美甲与搭配上的技巧；如果是推销保险，就可以为客户提供理财常识等。

有一家专门做美甲的工作室就是这样做的，他们制作了一个个小视频，细致地分步骤教用户怎样自己美甲。企业完全可以将微视频平台定位为一个知识传播的平台，迎合用户越来越多样化的需求。

在这一点上，我们仍以@ 小米手机为例。@ 小米手机在展示产品和推广营销的同时，专门开辟了小米学院——以传播知识为主，通过一个个微视频为小米用户解答许多实际问题：如怎样延长待机时间；利用视频，教用户如何一键设置；怎样防止电量过快消耗等。“小米学院”还不断优化视频内容，只为更好地传播知识，解决用户难题。

利用微视频来宣传商品知识对企业而言不是做无用功，这种简单易懂、生动形象的传授方式，让用户不费脑筋，在几秒钟内就能看懂、学会，十分有效地实现了微视频社区或平台的价值。

世界上许多人都是懒惰的，面对新事物，他们只希望用最简单的方法来掌握——即让别人通过演示，直接告诉你怎么做。企业将微视频打造成为知识性平台就是来满足用户惰性需求的。

企业从微视频中收获的不仅仅是服务价值，还有非常客观的营销价值。马年春晚期间，当其他平台上充满吐槽和争执的时候，微视频用户已经愉快地点开“我也演春晚”标签，投身这场年度大戏之中了。

6.3 微视频营销的 7 种表现形式

微视频营销的方式有很多，根据我对行业内的观察及总结，目前来说，微视频营销最常见的表现形式有以下 7 种。

拍摄产品短片，解答客户疑问

商家、品牌和企业为什么要拍摄微视频，最基本的原因是可以为用户解答疑问。微视频答疑不仅更生动、更直观，还能起到一定的宣传作用。很多品牌也因此选择了微视频营销的方式。例如，当你为客户展示如何使用产品时，微视频就能快速解决用户的疑问，整理出用户最常见的几个问题，制作一条有针对性的视频来解决。目前，这一表现形式淘宝店家用得特别广泛。

例如，你可以在一段 1 分钟的微视频里阐述清楚新产品和老产品的区别。像这样拍摄一段微视频，再加上生动的文字解说，一定能让用户了然于胸。除此之外，微视频还能为品牌带来许多附加价值。这类微视频之所以受品牌追捧，是因为没有废话，言简意赅，把该说的、该解释的都表达完了，显得更专业。

如今，只要你打开淘宝购物，大多数淘宝店家都在产品首页利用微视频拍摄了产品说明，目的就是帮助消费者直观地感受产品，为用户解答产品的使用方法等。

将产品制作过程整合成视觉展示

如果说一张图片就能激发人们无限想象力的话，那么一条微视频带来的“后劲儿”更是无法想象。用微视频的方式把产品的制作过程呈现给用户，是一种利用微视频功能的营销方式。例如，奶茶店可以借机展示他们的茶叶、配料有多高级，汽车厂可以向用户展示他们的零件、细节有多可靠等。

美国著名的冰淇淋品牌 BEN & JERRY'S 就做得很好。BEN & JERRY'S 在 Instagram 上发布了一条他们制作冰淇淋的短片，对于食品类产品来说，食品安全和卫生是消费者最关心的问题，BEN & JERRY'S 发布的这条视频无疑打消了消费者所有的疑虑，增加了消费者对其的信任。

假日视频

如今各大节日也成了商家们“争奇斗艳”的时机，圣诞节、感恩节、情人节、元旦，哪怕是清明节都能上赶着宣传一波。以节假日为主题的微视频能够引起消费者的共鸣，拉近了商家和消费者之间的距离。

Vine 的微视频在 Twitter 上很受欢迎，6 秒时长，精致、简短、易传播。7 月 4 日，是美国的独立日，著名的家居装饰公司 Lowe 用 Vine 制作了一条颇具节日气氛的微视频，他们用一些装修用的工具做成烟花的样子，祝粉丝们节日快乐。这个微视频让 Lowe 刷爆了路人好感度，又收获了一大批粉丝。

增强与粉丝之间的互动，邀请粉丝通过标签上传内容

作为企业，也可以邀请粉丝们上传带有相关话题标签的微视频，或者在主页面宣传有关的产品，这也是一个利用微视频拉近与粉丝的距离的办法。

著名喜剧大师 Louie Anderson 邀请粉丝们在 Instagram 上上传一段微视频，并加上#Open4Louie 的话题标签，只要被选中，他就可以参加 Louie Anderson 节目的开场秀。Louie 的团队根据标签筛选出优秀的微视频作者，并且和他们

的团队或者个人联系。

展现品牌文化

消费者常常抱怨品牌不够人性化，而现在，微视频营销通过各种途径，使品牌和消费者之间的鸿沟变得越来越窄。微视频营销为消费者们展示了一个360°的品牌和企业，让你成为市场中最亮的那颗“星”。

对于微视频来说，最重要也是最困难的是什么？就是在很短的时间内表达产品的重点，让消费者了解得更全面，同时也让消费者耳濡目染地了解自己的文化。对于一些一线品牌，如Dior、Burberry、Docle & Gabanna，他们想要传递给消费者的是一种高贵、自信、成功的形象。如果在微视频中加入一些超模走秀的元素，这样的宣传效果肯定比一张冷冰冰的宣传照片要好得多。相当于消费者在几十秒的时间内就欣赏了一场精彩绝伦的大秀，为了推广品牌的新款，Burberry把新款走秀的视频剪辑到微视频中，让消费者的印象更深刻，刺激他们的消费欲望。

强调特殊优惠和活动

微视频是一种非常好的宣传优惠活动的方式，让产品作为视频的主角，加入一些符合气氛的元素，配上相应醒目的文字，在卖场循环播放，比传统的营销方式效果好得多。

ZAPPos在其官网购买主页上，除了放上鞋子的照片，还播放了一个12秒的微视频，这个视频是模特穿着鞋子走秀的样子，最后还有鞋子的特写，这个视频让消费者非常全面地看到了产品的样子，配上网站的宣传信息，使消费者更加有购买的欲望。

除此之外，品牌使用Snapchat给消费者发放优惠券的方式也让人眼前一亮。16HANDLE酸奶把目标消费者定位在13~25岁的青少年，在粉丝的Snapchat主页上不定期发放一些优惠券，获取优惠券的方式也很有意思，只要用户及时截图就能获得优惠券，而且这种活动是限时的，有一点“走过路过不要错过”“赶得早不如赶得巧”的意思，因此吸引了一大批“奶粉”截图。

创意众筹鼓励粉丝产生 UGC

按照目前的营销趋势，各大品牌是非搞微视频营销不可了，视频创意既要出挑，又不能太曲高和寡，还得在各大社交平台上达到宣传目的。最新的 hP 和 180LA and NIche 的合作，就是一个很成功的例子。

Vine 是国外一个非常火爆的微视频社交平台，该平台上的视频常常博得一片喝彩，而惠普为了宣传他们的新产品，抓住了粉丝喜欢看 Vine 原创视频的特点，把粉丝们在平台上发布的精彩视频选取一部分做成了一个 30 秒的电视广告，试问，哪个粉丝不想被偶像“翻牌子”呢？对品牌来说是一次宣传，但是对粉丝来说是偶像对自己的认可和互动，也鼓励了粉丝们创作的积极性。

可口可乐也有过相同的举动，可口可乐曾经发布过以粉丝为主角的微视频广告，用 30 秒的时间，把所有粉丝喝可口可乐的快乐时刻融合到一起。

起初，可口可乐让粉丝把自己喝可口可乐时的心情发布出来，优秀的微视频会被可口可乐采纳，最终活动收到了 400 多份微视频，广告公司从中挑选出 40 个最具代表性的做成了一个短片，以“This is Ahh”为标题进行大规模宣传。这次的广告除了在当红节目《美国偶像》中播出外，还会在一些人气较高的平台上播出，如 MTV 等。

图 6－3 可口可乐的“This is Ahh”微视频

KARMALOOP 是服装电商平台，在感恩节等一些节日，他们会在 Snapchat 上发布优惠券的照片，这种营销方法成本低、效果好，吸引一众粉丝关注了该平台的 Snapchat 账号，坐等优惠券发放。这种方式既提高了粉丝的活跃度，又拉近了与粉丝之间的关系，在宣传期内，KARMALOOP 的销量大幅度提升。

除了这些，Snapchat 在微视频营销方面的套路可以说是数不胜数，而且，品牌在 Snapchat 上做短视频营销的时候，充分发挥了“阅后即焚”的功能效果。墨西哥快餐品牌 Taco bell 在推广新产品时，为了吊足粉丝的胃口，就在 Snapchat 上发布了一个新产品的微视频，粉丝在看完之后意犹未尽，准备再看一遍的时候，已经来不及了，这就刺激了消费者想去登店尝试新产品的欲望。

6.4 微视频营销的 6 个陷阱，你避开了吗

虽然微视频营销有诸多好处，也颇受商家、品牌和企业的青睐，但物极必反。微视频营销也是有陷阱的，倘若商家、品牌和企业掉入微视频营销的陷阱，最终不仅达不到营销推广的目的，反而有损品牌或产品的形象。

微视频营销的 6 个陷阱

作为一名微视频营销老师，我接触过很多广告主和品牌主，总结起来，他们经常会陷入以下 6 个陷阱：

◎ 陷阱一：拥有微视频账号就等于微视频营销

很多商家、品牌和企业认为，只要申请一个或几个微视频账号，就可以进行微视频营销了，这其实大错特错。如果对微视频的营销价值没有一个全面、正确的认识，不建立系统的、科学的微视频营销管理体系，一切都是零。

◎ 陷阱二：放弃内容，硬性植入广告

发送微视频不仅仅是为了发布广告，这只是目的之一，更重要的功能是与粉丝进行沟通，增加粉丝黏性。做微视频营销最重要的不是拥有多少粉丝，而是这些粉丝对你的依赖性有多大、忠诚度有多高。当粉丝 1 年、3 年、5 年，持久地关注你的微视频账号时，也意味着你可以卖出更多的产品。那么，

如何增强粉丝黏性呢？就是在推送微视频内容上下功夫，注重内容的创新。

◎ 陷阱三：为了创意抖机灵，应为品牌精神设计创意

一条之前拍过两条点击量可观的视频：《世界上最孤独的图书馆》《妈妈与孩子互相打分》。这些营销案例并非出于突然的灵感，而是经过精心策划的，分别是关于图书馆和保险的广告。经常有学员跟我说想不出好的创意。事实上，对微视频营销来说，创意固然重要，但首先要知道你的品牌精神是什么，才能够使构想出的创意跟你的品牌精神完全吻合。记住：千万不要为了创意而抖机灵。

◎ 陷阱四：想一蹴而就，但应细水长流

每个微视频营销都想做爆款微视频，恨不得一条片子能够撬动整个地球，形成永久的品牌效益。但问题就在于，不管是你自己拍摄微视频，还是花钱请视频制作公司制作微视频，都不能保证做出“传世经典”的微视频。做任何事情都不是一蹴而就的，微视频营销也是如此。它是一个细水长流的过程，我们要通过一个个微视频潜移默化地把品牌、产品植入用户的心里，在他们的心里留下深刻的印象。

◎ 陷阱五：忽视粉丝的质量

微视频营销的前提是拥有大量的粉丝，而粉丝必须是有价值的，为什么很多企业的微视频账号成了“僵尸号”，究其原因是有大量的假粉丝。而这些粉丝基本上没有任何价值，更不用说挖掘他们的购买力。对于企业来说，只有高质量的粉丝才有价值，才能真正转化为利润。所以，对于商家、品牌和企业来说，不仅要重视粉丝的数量，更要注重粉丝的质量。

◎ 陷阱六：单点突破，忽视整体运营

真正火爆甚至经典的微视频背后都是经过精心的商业策划的，投放到网

上只是第一步，后续需要运营的内容太多，包括包装、平台推广、渠道选择等，通过整体运营才能得到好的结果。

微视频营销发展的瓶颈

虽然微视频营销极有可能引领潮流，改变整个营销模式，但是，目前来看，微视频营销的瓶颈也比较明显。

微视频营销的商业性还很弱

微视频是基于即时通信工具而发展起来的，所以，它的社交属性强过其商业属性，商业性还很弱。尽管一些企业不再只把微视频当作一种社交媒体，但其作为一种新的营销模式，举步维艰，毕竟大多数人对微视频的认识还停留在娱乐、社交的层面，想展开产品、服务的推广和宣传，实属不易。

对粉丝的依赖性较高

微视频营销到底该怎么做？仁者见仁，智者见智。很多时候，谁也不完全确信什么方法都是最有效的。但有一点是毋庸置疑的，那就是依靠粉丝来变现，对粉丝的依赖性比较高。任何事物都有两面性，这种高度依赖粉丝的模式是否可取，还有待时间的验证。

随着微视频这种全新的营销模式被广泛地运用，直接导致了这一领域的竞争越来越激烈。微视频营销作为新媒体营销模式，与传统的营销模式相比，的确存在独特的优势和竞争力，但过度竞争也带来了诸多负面影响。例如，管理成本的增加、商业利益和用户感受之间难以平衡等。

所以，进行微视频营销，最怕的就是毫无计划，纸上谈兵。不论是微视频还是内容营销，它都是一种技术，不能仅仅依靠一种技术，就想着把你的产品和品牌变得受欢迎，背后往往对应的是整体的运营思路。微视频营销究竟是标配还是低配，就看你如何去设计它。

第 7 章 如何做微视频推广才能引爆流量、留住粉丝

要进行成功的微视频营销，就要把精心制作的微视频推广出去。微视频推广所带来的营销作用与推广时引爆的流量和吸引的粉丝挂钩。在这个自媒体蓬勃发展的时代，如果还在单纯地做文字推广那就大大落后了。本章整理了一些常用的微视频推广方法，有部分是根据我们自己的视频推广经验而写，也有一部分是来自案例分析和研究，希望能给大家提供一些帮助。

7.1 不花钱推广，如何让微视频播放量达到“100 万+”

微视频内容很好，点击量却平平，怎么破？这种叫好不叫座的情况往往意味着你的推广方式出现了问题。那么，如何不花钱推广，让微视频的播放量达到“100 万+”呢？

根据我多年的微视频营销经验和对行业的观察，总结出以下三大微视频推广策略，可以让商家、品牌或企业在不花钱或者少花钱的情况下做微视频推广，让微视频的播放量达到“100 万+”。

特定时间推广：事半功倍的推广方式

由于微视频平台系统只会给出更新的时间提示，这样用户会忽略很多信息，站在商家、品牌和企业推广的角度，这种情况是非常糟糕的。这表明你发送的微视频，用户很可能根本看不到。这就需要商家、品牌和企业注意推送视频的时间段，掌握发送微视频的时间技巧。那么，我们要怎样才能恰好抓住用户的观看时间推送视频以达到推广目的呢?

通过分析微视频的推送规律，我发现大致有三个比较集中的时间段，分别为早、中、晚，如图7－1和图7－2所示。

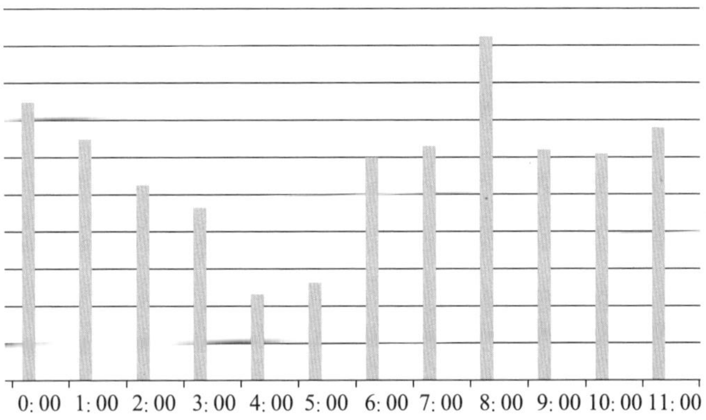

图7－1　一天中上半时微视频浏览峰值示意图

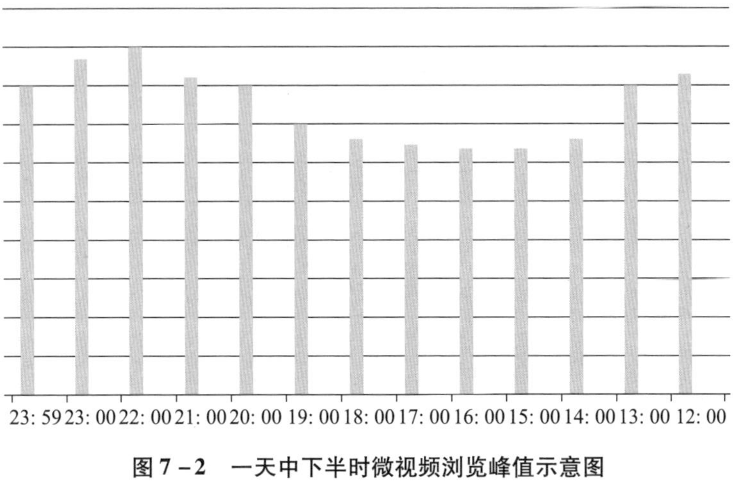

图7－2　一天中下半时微视频浏览峰值示意图

从图 7 - 1 和图 7 - 2 来看，每天有三个比较重要的时间点：上午 8 点，这是全天广告曝光量的最高点；中午 12 点，这是中午时间段中广告曝光量的最高点；晚上 10 点，这是晚上时间段中广告曝光量的最高点。由此，我们可以总结出一天中适合微视频推送的时间大致可分为以下三个时段。

◎ 早上 6：00—8：00

早上 6：00—8：00，大多数人都在这个时间段起床和用早餐，所以这段时间内，许多人会有短暂的碎片时间。再加上休息一晚刚起床，精气神都比较好，情绪也较为放松，不少人有打开手机看新闻的习惯。此时适合推送一些主题轻松明快的微视频。

◎ 中午 11：00—13：00

中午 11：00—13：00，这是大部分人午餐或者午休的时间，也是一天中最长的空闲时间。上午的工作已经结束，可以休息一下，这时适合推送比较容易接受、不需要花费太多精力思考和研究的微视频内容。

◎ 晚上 18：00—22：00

晚上 18：00—22：00，一般来说，微视频推广最看重的就是这个时间段，经过一天的工作，这时用户一般都比较安静，能够坐下来思考或者静静地看一下书籍，这是人们对外部信息接受度最高的时段，因此，也是微视频信息的高发期。

上述三个时间段是最适合进行微视频推广的，利用好这三个时间段推送微视频，可以达到事半功倍的效果。需要注意的是，虽然这三个时间段对微视频推广有利，但这并不意味着按这三个时间就一定万事大吉。具体的推送时间需要商家、品牌和企业灵活分析，结合实际来制定每天的推送时间。

多维度账号推广：与所有用户建立关系的推广方式

近年来，商家、品牌和企业纷纷使用微视频来抢占市场，面对与生活息息相关的移动互联网，我们要明白自己面对的不仅仅是某个平台上的用户，而是整个互联网所有的用户。所以，在布局微视频营销时应建立两个及两个以上的账号，尽可能与所有用户建立关系，最大限度地挖掘用户价值，力求收益最大化。

在现有的经济模式里，可以说是“得粉丝者得天下”，粉丝决定了营销的成败，谁的粉丝多，服务好，谁就能在市场中占有更大的份额，获取更多的利益。单个账号独立作战是无法取得好的战果的，所以，企业想要吸引更多的粉丝，必须成立多维式的账号群体，组成矩阵来作战。

所谓多维式账号矩阵，是按不同的归属平台、类型、功能、性质建立的，立体的多角度、多层面的账号群。这也是现在很多商家、品牌和企业选择的微视频推广方法。

让我们来看看具体的案例，感悟一下企业该如何打造多维式账号群。

万达——链条式矩阵

作为国内房地产行业、百货行业中的标杆企业——万达，最近几年也一直在布局微视频账号。万达的微视频账号一直遵循总公司→分公司→地区这种由上到下的顺序建立起来的万达影院和万达广场，万达影院下设地方万达影院，如北京万达影院、上海万达影院等，而万达广场下设武汉万达广场、济南万达广场、合肥万达广场等。图 7 – 3 为万达影城的微视频账号布局示意图。

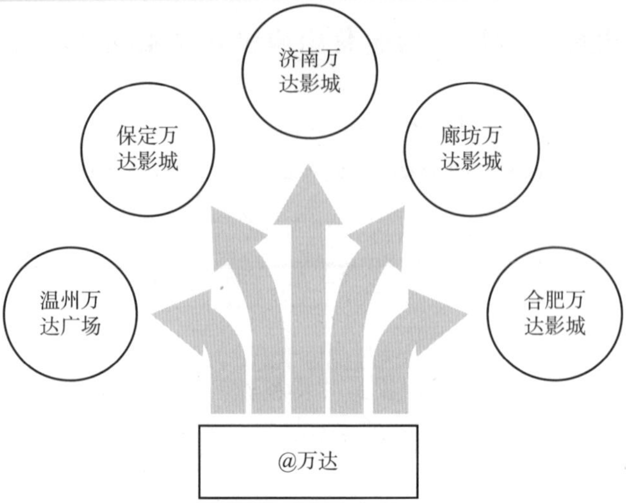

图 7－3　万达影城的链条式账号矩阵

◎ 小米——关联性矩阵

小米公司在微视频账号建立上选择了以功能分开设置的方式，分别是@小米手机与@小米 MIUI，这两个不同的账号为粉丝提供不同的服务，形成掎角之势，两者相互推广，互相交流互通，如图 7－4 所示。

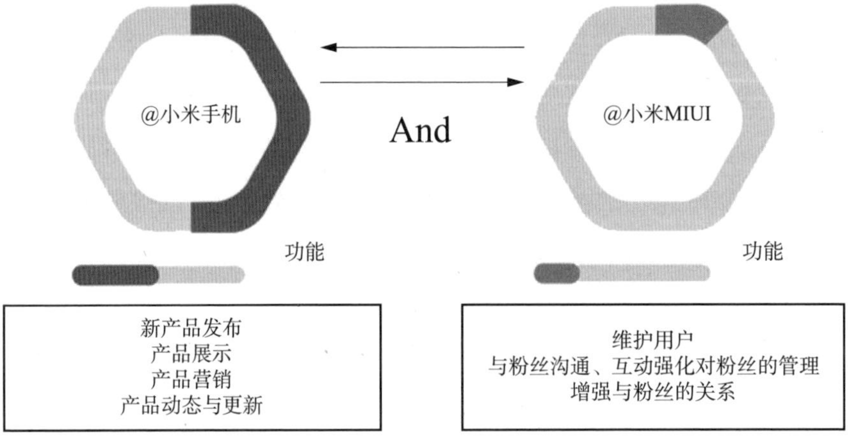

图 7－4　小米的关联性账号矩阵

糗事百科——辐射性矩阵

糗事百科采用的是官方账号 + 个人账号，即以大带小的模式：他们以官方微视频账号@糗事百科为中心，辅以@黄文煜、@李梦雪、@赵大使、@放弃治疗4位签约演员的微视频账号，将账号矩阵的优势淋漓尽致地发挥出来，成功地吸引了400万粉丝。其辐射性矩阵如图7－5所示。

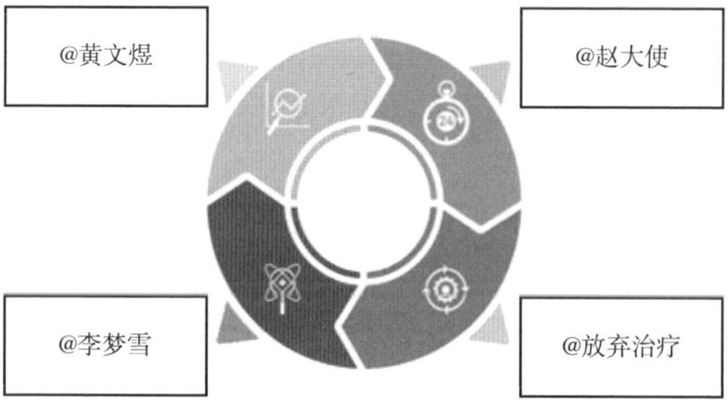

图7－5　糗事百科辐射性矩阵

魅族——集群矩阵

由官方微视频账号@玩魅族的妹子领着诸多魅族员工的微视频账号，就是魅族的账号矩阵的布局形态，如图7－6所示。

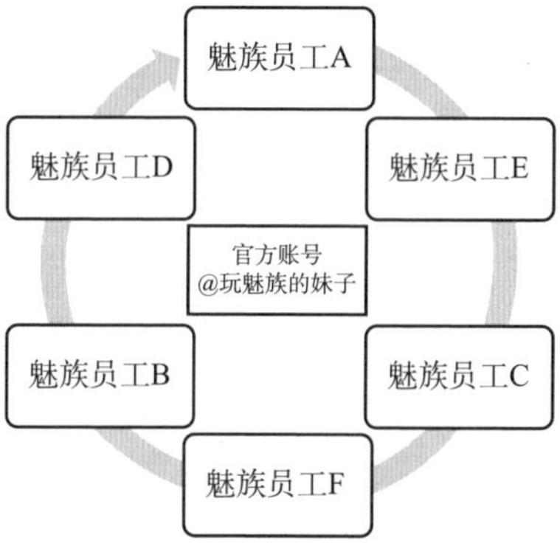

图7－6　魅族的集群式账号矩阵

对微视频推广来说，究竟要建立怎样的微视频账号矩阵，需要我们在具体操作实践中，根据不同企业、产品的需求来制定。具体来说，万达的链条式矩阵适合业务类型较复杂、产品品种较多，相互之间又没有过多联系的商家和企业；小米的关联性矩阵适合业务类型较单一、产品品种较少，相互之间联系较密切的商家和企业；糗事百科的辐射性矩阵适合业务类型较单一、产品品种较少，相互之间没有过多联系的商家和企业；魅族手机的集群矩阵适合业务类型较复杂、产品品种较多，相互之间联系较密切的商家和企业。

活动推广：最有效、最直播的推广方式

利用微视频进行营销，对于大部分企业而言，只有两个目的：一是为了树立企业的形象，推广品牌；二是直接销售产品。无论选择哪一种，都需要进行一定的主题活动造势，才可能达到预期的推广效果。毫不夸张地说，活动推广是微视频推广里最有效也是最直接的推广策略。

我分析了一下企业的活动类型，如今用来做微视频推广的活动有以下 5 种形式。下面结合案例针对具体形式进行分析。

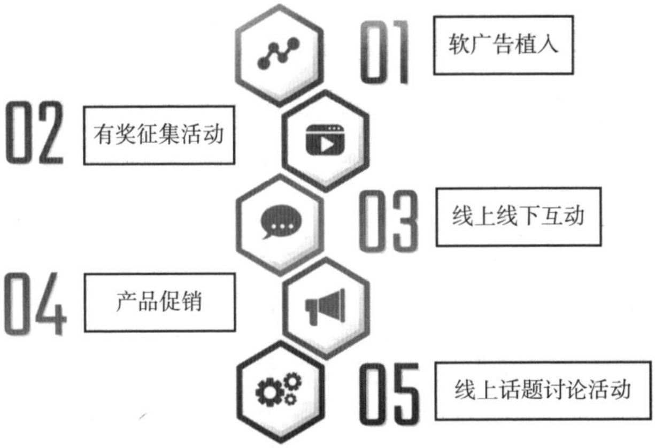

图 7－7　微视频活动推广的 5 种形式

◎ 软广告植入

专注于服饰、鞋帽、箱包和美妆等女性时尚消费商品的蘑菇街，是国内极富特色的购物电商。2017 年，蘑菇街与时尚杂志《时尚芭莎》跨界合作，启动为期 10 个月的全球旅拍，高颜值的美女，国内顶尖造型团队，亲密携手一起游历全球经典名胜，三者融为一体，给粉丝带来美丽优雅的话题。在活动过程中，蘑菇街深度布局，巧妙地利用微视频社会化属性来宣传自己，在美拍微视频中植入软性广告——“时尚芭莎”与“蘑菇街”，成为社交网络中的时尚焦点。

◎ 有奖征集活动

刚进入微视频营销领域的万达集团，努力通过微视频这个社交平台来进行品牌推广，该集团希望能提高年轻用户对万达广场的关注度。于是通过官方微视频开启了百万大奖征集广告创意的活动，用户可通过微视频以“万达广场就是城市中心”为主题，制作 8 秒创意微视频。6 个月的征集时间，随着活动的深入，“万达广场就是城市中心”很快成为网络的热门话题。

◎ 线上线下互动

新蕾电动车为了试水新媒体，举办了春夏新品发布会，采用线上线下结合的互动推广模式，锁定核心消费人群为 18 ~ 38 岁的青年女性。选取了微信、微视频及垂直类 APP 等，只需要打开微视频就能够看到产品及发布会的真实场景，这种新媒体形式比传统图文来得更具真实性和体验性，受到了消费者的肯定和欢迎，新媒体营销战略的成功让新蕾电动车一举奠定了品牌强势地位。

◎ 产品促销

以销售厨房调味品为主的商家@ 味美人生，直接将美拍作为线上的销售平台。用一道道色香味俱全的美食作为诱饵，吸引用户的眼球，然后将商品以及购买方式开门见山地放在客户面前。

◎ 线上话题讨论活动

中国第一家 F2C（Factory to Customer）国际电商运营平台——尚脸科技，主要销售欧美原装瓶进口的护肤产品，致力于使中国女性与国际美肤流行同步，让美丽不分国界。美拍曾经有一个风靡一时的话题——“祛痘印”的微视频讨论活动，就是这个公司发起的。活动刚刚推出，就得到了大量粉丝的追捧与参与，从而达到了宣传的目的。尚脸科技所使用的推广方法就是线上话题讨论活动。这一方法可以很大程度上激发用户的参与热度，对推广非常有效。

7.2 微视频常见的4种推广方法

在移动互联网的世界，企业如果能够掌握微视频的推广技巧，利用微视频直击企业品牌线上推广，将会获得更多意想不到的微营销效果。图7-8为微视频推广最常见的4种推广方法。

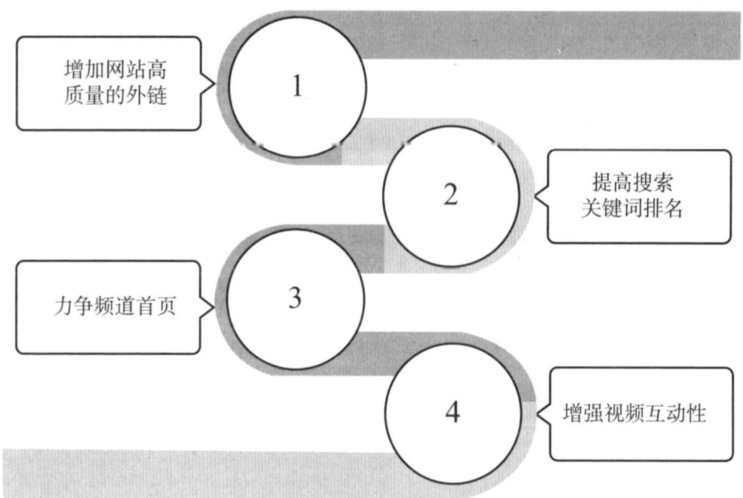

图7-8 微视频常见的4种推广方法

增加网站高质量的外链

商家在把微视频上传到今日头条、抖音、小咖秀、秒拍等微视频平台的时候，可以在视频投放区增加一个高质量的品牌官网连接外链。观众通过标题后的品牌网站的链接地址进行搜索，对企业品牌的线上推广而言，这是一种十分有效的做法，原因就在于商家上传微视频后，这个链接就能很快被收录在搜索引擎中。

提高搜索关键词排名

要想提高企业品牌的网站排名，微视频在进行推广时所用的标题可以是与品牌有关的关键词。由于微视频推广权重高，如果企业推出的是一款新品牌，没有任何知名度，且关键词的排名上不去，就可以通过第三方平台视频网站来提高品牌关键词的排名效果。

力争频道首页

企业与商家发布的微视频要力争上频道首页，受到更大的关注。微视频类平台，如秒拍、抖音等都分了多个类别频道，企业根据自己的内容选择与之对应的频道发布，增加其产品的针对性，并且力争上频道首页。如果微视频的关注度高，冲进首页，自然会有更多用户看到。在推广微视频的过程中，要注意标签、关键词的运用，这样用户搜索更加便利。

增强视频互动性

用户的参与度是企业微视频推广计划的重中之重，用户强大的创造性无法估量，让用户主动参与到传播中，更能够发挥用户的创造性。在社会化媒体时代，用户发挥创造性的渠道越发宽广，不仅能够自创视频，同时也喜欢上传并与他人分享自己的创造成果。结合其他社交媒体平台，增强视频互动性，从而使推广效果更加深远。如视频发布之后，应关注用户的评论并加强与用户之间的互动等。

7.3 微视频推广实战技巧

如果你要进行一个微视频的推广，需要从哪些方面入手？本节向大家介绍三种微视频推广技巧。

微信：性价比最高的推广方式

微信推广是商家、品牌和企业最常用的一种方式，同时也是性价比最高的方式。首先，微信在空间和距离上不受限制，用户注册微信后，不管在哪里都能和“身边”的朋友形成联系，关注自己喜欢的公众号；其次，企业和商家可以通过公众号、朋友圈对自己的营销微视频进行预热，为后期的宣传打好基础，进行精准营销。

总而言之，微信对于微视频推广来说，有以下四个与生俱来的优势：

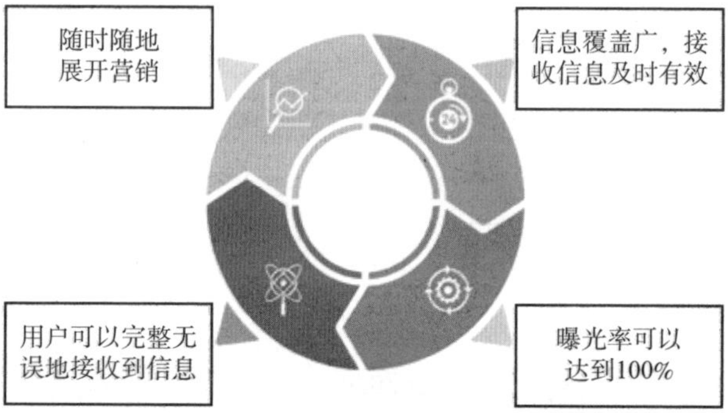

图7-9 微信对微视频推广的四大优势

很多商家或企业其实并不清楚如何利用微信做微视频推广，如何把微信的作用最大化。以下是利用微信做微视频推广的两大要素。

◎ 内容上吸引客户

在利用微信做微视频推广时，企业和品牌在定位视频内容时，要从粉丝的需求出发，粉丝喜欢什么，我们就拍什么，而不是自以为是地想发什么发什么。企业和商家一定要明白，微视频推广不是为企业和品牌服务的，而是为粉丝服务的，只有让粉丝感觉到企业对自己的重视，他们才会更加忠诚。那么，在微信上应该给粉丝推送哪些内容呢？

对于利用微信做微视频推广，有一个公式是企业和商家需要牢记的，如图 7 – 10 所示：

图 7 – 10　微信做微视频推广的内容方程式

以服装电商为例，作为商家，你要思考你的衣服能给目标消费者带去什么？答案很简单，当然是穿在身上好看，显身材。因此，拍摄微视频时可以以服装搭配为主，然后适当地加入营销信息，只要内容足够精彩，就不怕营销会失败。

◎ 推送上要用心

大部分微信公众号每天会推送一条信息，实际上，这个频率已经很高了。如今，每个人的微信上都会关注一大批公众号，推送的内容太多，用户根本来不及看。

所以，企业在向粉丝推送微视频时，一个星期最好维持在 5 次左右。次数太多会让粉丝产生审美疲劳，甚至厌倦；次数太少又起不到宣传效果，所以微信推送一定要把握好度。

除此之外，企业在向粉丝推送时，不一定每天都发视频，也可以穿插一些图文信息，字数控制在几百个字，最好让粉丝读完能够进行思考，形成良性互动。

微博：微视频推广的主战场

微博可以说是微视频营销的兵家必争之地，微博的社交价值，已经被企业和品牌商们挖掘得淋漓尽致。虽然一条微博的字数限制在140字以内，但是可以包含的信息量却不少，搭配生动的微视频，宣传效果可想而知。微博凭借其传递快、成本低、互动高、信息多等特点，成为各大企业和商家微视频推广的主战场。

根据一些企业和商家进行微博推广的案例，我们总结出以下两大利用微博做微视频推广的技巧。

◎ 保证微博内容与微视频内容有联系

企业和品牌在利用微博做微视频推广时，一定要做到微博内容和微视频内容是交相呼应的，并且在宣传期间，保证稳定的更博频率，微博数量也不要太多，一天保证在10条左右就足够了。

虽然微博的内容要和微视频有关系，但是也要有吸引力，不能“硬拗”，也不能太老土。如果你的微博内容翻来覆去都是那几句老话，空话，时间一长，粉丝也不会买账的，微博推广将会以失败告终。实际上，即使你想不出精彩的文案，或者微视频内容还没剪辑好，也可以推送一些有趣的事情，或者其他的精彩视频，时不时给粉丝换换胃口，“小别胜新婚”，说不定下次微视频发出来的时候，效果会更好。

◎ 在微博上与粉丝互动

在微博上，企业和商家要经常发布一些接地气的、生活化的内容，引起粉丝的共鸣，而粉丝也很热衷于在微博下面评论互动，一来二去，企业的人气就会迅速上涨。从此，微博变成了企业和粉丝之间的纽带，让粉丝不知不觉之间已经成为企业不可分割的一部分，这就是企业和商家利用微博做微视频推广打出的感情牌。

企业在微博上和粉丝的互动有哪些呢？归纳起来，主要有以下两种：

（1）微博转发抽奖

进行微视频推广的企业可以在微博里进行微博转发抽奖，或者直接发红包，这是进行微博推广的一个常见招数。那么，应该怎样设计抽奖互动才能把宣传效果最大化呢？这是令所有营销者都头疼的问题，即要解决参与度的问题。

创建活动的设计要结合企业的特点、奖项设置、奖品内容、微视内容等，通过独具特色的方式呈现，要既能调动粉丝的积极性，又具备一定的趣味性，让粉丝对品牌的认可度更好，而不是简单地转评赞。通过这些活动的影响，把要推广的内容结合到活动中，传达自己想要传达的信息，这才是一次成功的有奖宣传。

（2）发起一个话题

所谓的互动，不只是企业利用自己的名气和奖品来吸引粉丝关注，品牌也可以散发自己的魅力，鼓励粉丝参加线下线上的活动，从而提高自己的活跃度。企业也可以在微博上发起一个话题，让粉丝们一起讨论，各抒己见；或者针对这次产品的功能和使用感受，请粉丝做反馈，这都是有效的互动。

一般来说，一些知名企业的忠实粉丝是很多的，他们是进行微视频营销的最大推动力。企业可以利用现有的资源，发起一些话题，刺激粉丝的积极性，让粉丝做品牌的主人，让他们感受到归属感。

企业或个人在微博发起话题时，想要达到宣传效果，需要注意以下三点：

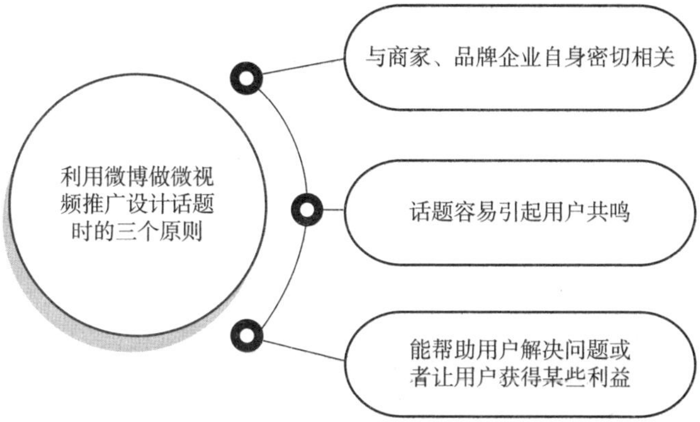

微博作为一个社交平台，并不是处处完美，微博本身也在不断改进，不断调整，因此在微博上，企业可以尝试的宣传方式也会越来越丰富。有一点大家需要注意，通过微博进行微视频推广的方法并不只有以上几种，由于微视频推广的策略和企业面临的具体情况有所差异，并且市场大环境也在不断变化，企业在进行微视频推广的时候应该不断地进行总结，对各种方式灵活运用，把微博的潜力最大化地发挥出来。

论坛：效果最好的微视频推广方式

用惯了微博、微信甚至直播，我们几乎已经忘了还有论坛这样一个社交平台。论坛，是一个一开口就暴露年龄的地方，但是论坛却是宣传模式最全面的地方。

微视频推广的方式有很多种，论坛推广是年纪最大、根基最强的。但是也有大部分企业觉得论坛濒临淘汰的边缘，已经没什么人关注，所以根本不care。

如果你也这样觉得，那你可以说是“too young，too simple”了。论坛是互联网最早发展起来的社交平台，操作容易、实用性强，因此，一直到今天，依然有大批死忠粉盘踞于此。但是论坛推广对文字功底和创意的要求都很高，所以成了微视频推广路上最大的“拦路虎”。既然如此，企业为什么还要一往无前，不选择相对来说更简单的微博和微信呢？主要原因有以下四点：

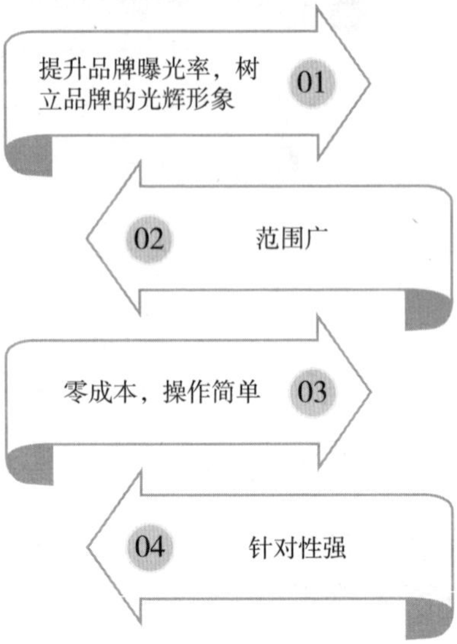

图 7-11　论坛推广的四大优势

现在，你明白为什么要用论坛推广了吧。接下来，我们就来看看如何根据论坛的优势做微视频推广。

◎ 挑选人气论坛

帖子火不火，全靠论坛人气高不高。做论坛推广的第一件事就是挑一个最火的论坛。

那么，论坛应该怎么挑呢？我们可以通过数据调查选择，也可以寻求百度的帮助。不同的微视频内容，推广的论坛也不一样，例如，你做了一个关于母婴的微视频，发到汽车论坛上肯定不合适，但是发在一些生活类的论坛上就不一样了。

除此之外，我们还可以通过“站长之家”来做一个表格对比，如表 7-1 所示：

表 7-1 筛选人气论坛参考表

论坛名称	百度权重指数	ALEXA 排名	站内链接数	建站时间	反链数
天涯	9	全球排名：64； 中文排名：12	814	2003年3月17日	6532
猫扑	6	全球排名：5414； 中文排名：458	321	1999年9月19日	10236

有一点大家需要注意，虽然广泛撒网、重点捞鱼是一个方法，但是也要量力而行，帖子发的太多，收集信息的时候就会很麻烦，因此，选择目标人群要精准，在合适的地方发合适的帖子，不要做无用功。

◎ 论坛发帖

论坛发帖是一个技术活儿，帖子发得好，粉丝来得早。帖子是维持论坛经久不衰的原动力，逛论坛看帖子几乎已经成为铁粉标配。所以，只有帖子写得够精彩，才能吸引网友们阅读，甚至转发。

软文的力量经常被吹得神乎其神，但是一篇好软文带来的效果肯定是不容小觑的，想在论坛上吸引流量，就一定要发软文。如何把软文写得精彩绝伦呢？有以下几个方法：

足够吸引眼球的标题。大部分网民都有一颗猎奇的心，只要你的标题够劲爆，够创意，就能抓住网友们的目光。例如，某个网剧做了一次论坛软文宣传，在做推广时，这个网剧的宣传人员在天涯上发表了一篇名为“看了这集电视剧，我发现我老公出轨了”的帖子，点击率很高，一度还被转载到微博上，于是当月该网剧的播放量突破千万，专门为这部网剧充值播放平台会员的网友也数不胜数。

在设计标题的时候，大家应该忘记自己是一个宣传者，应该站在网友的立场上想标题。图 7-12 总结了一些设计标题的要点。

学会自己回帖。大家不仅要学会发帖，还要学会自己回帖，自己都不给自己捧场，怎么指望别人来捧场？最初的热度都是自己炒起来的。给自己多

图 7－12　论坛发帖设计标题的 5 个要点

准备几个“马甲”，用不同的“马甲”顶帖，只要不露出马脚，就没什么大问题，热度起来了，网友自然就来强势围观了。

使用这种方法的前提是企业的账号足够多。如果没有大量的论坛账号做支撑，自己给自己炒热度的过程中力度就跟不上，自然论坛推广这条路就走不通了。

关键字被搜索引擎抓取。我们不能坐井观天，抓着论坛中的网友不松手，应该扩大自己的宣传范围，这一点可以借助搜索引擎的帮助，只要关键字出现在搜索栏里，阅读的人数就会增长得很快。有专业人士说过，一篇优秀的软文，并不在于它有多少华丽的辞藻，而是在于有没有把关键字贯穿全文，并且深藏不露。

总而言之，在论坛上做微视频推广，看起来很简单，但是想要做好，还要下大功夫。写一篇关于微视频的软文不停地复制粘贴是不够的，我们要根据上面讲到的技巧和步骤，一步一个脚印地做好，才有可能做一次成功的微视频论坛推广。

7.4 网红推广：点对点的超精准推广

网红，由于其背后拥有强大的粉丝团队做支撑，可以让商家、品牌或企业和消费者实现点对点的超精准推广，因此成为微视频营销最快、最有效的推广方式。

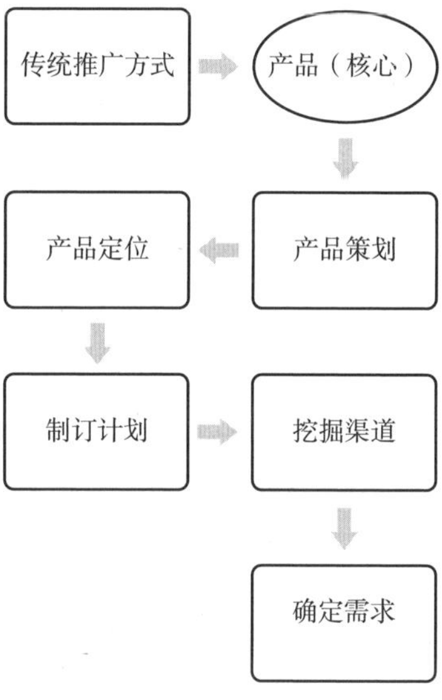

图7－13 传统推广方式流程

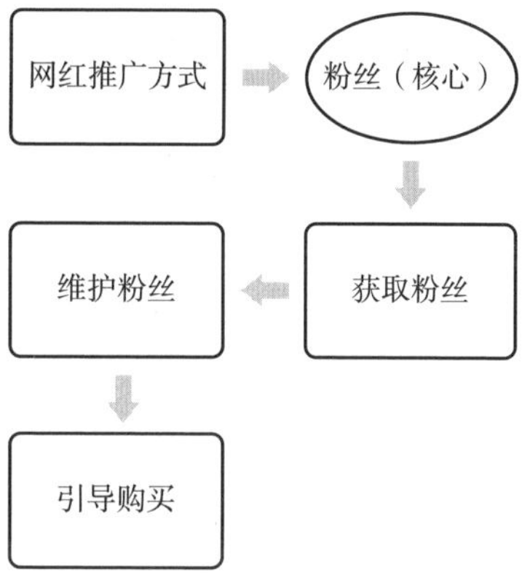

图7－14 网红推广方式流程

从图7－13我们可以看出，传统推广方式与网红推广方式最大的区别在于：核心定位不同，推广方式不同。前者侧重于打造产品，后者侧重于吸引粉丝，因而所采取的推广也截然不同。前者从企业产品策划到消费者购买，基本上是一个环环相扣的过程，任何一个环节出现问题都可能影响到最终的效果。后者则不同，卖什么、如何卖已经不是重点，关键是拥有一批高质量的粉丝。

事实上，“网红 + 微视频”培育粉丝群体的过程就是推广的过程。随着网红微视频的追随者和喜爱者与日俱增，其产品的潜在客户群体也在不断扩大，从而达到了超精准推广的目的。

“网红 + 微视频”推广策略

那么，企业和商家应该如何利用“网红 + 微视频”的模式来进行微视频推广呢？下面有两个行之有效的方法可以作为参考。

◎ 精准锁定用户群体，选择合适的网红

利用网红进行微视频推广，仅仅完成市场培育工作是远远不够的，还要培养符合后续产品购买期望的用户群体，以确保产品的购买力，以及保证在接下来的微视频营销里获得更多客户的喜爱，从而提高产品购买率。然而要做到这一点，商家、品牌或企业首先要精准定位用户群体，然后根据用户群体的特征和产品的特点选择条件相符的网红做推广。

需要注意的是，不是每一个超级网红都能对你的产品或品牌进行推广。进行“网红 + 微视频”推广，选择网红是一个关键因素。商家、品牌和企业在选择网红时，要结合粉丝群体的喜好、购买习惯、购买能力等多项数据进行分析，选择合适的网红。

爱茉莉太平洋是一家享誉全球的韩国化妆品集团公司，它的一款洗发水品牌——吕，在进行推广时，就使用了“网红 + 微视频”的推广方式。在选择网红时，爱茉莉根据“吕”的目标消费群体，选择了 20 ~ 40 岁的 10 多名网红，同时为这些网红提供从头发护理到洗发的“全套服务”，并让他们出席了购物中心的活动，然后把他们参加活动的情况拍摄成微视频，上传到社交

平台。仅仅两个月，“吕”在中国的月销售额创下1300万元的销售记录，比上一年增长了6.7倍。

通过这个例子，我们可以看到，网红推广作为独特的网络化载体，已经成为一种趋势，而精准用户群体正是精准推广的重要基础。网红具有较强的个性化特征，其独特作用就在于吸引粉丝时能够自动实现超精准的分类，做到“人与群分”——相同性格、经历、爱好、文化类别自然成为一个圈子。企业和商家的任务就是需要根据网红不同的粉丝群体，挑选出与之相符的网红进行直播，以此吸引相对应的受众群众。

需要注意的是，企业直接与已成名的“网红”合作也有劣势——成本较高。这与邀请名人代言一样，需要支付一定的费用，而且合作稳定性较差，无法形成稳定、系统的发展模式，无法为粉丝提供持续有力的服务。

◎ 培养自己的“网红”

因为网红推广的劣势，所以建议大品牌或大企业直接培养自己的网红。自己培养的网红会充分了解企业，与企业的属性相符合，而且能全心全意忠诚于企业。例如，企业创始人、核心的骨干合伙人等都可以成为培养“网红”的对象。

超级网红张大奕就是如涵电商自己培养出来的网红。张大奕的粉丝大多是被她不同类型的时尚服饰形象所吸引的，这些粉丝的兴趣点也在于此，他们在直播中与张大奕交流服饰搭配和穿衣心得，不亦乐乎。就这样在市场推广成熟后，张大奕通过淘宝店铺的营销渠道向粉丝直播推广服饰产品，轻易便获得了成功。

张大奕精准推广的逻辑在于：在粉丝群体中“张大奕”已经成为服饰标杆，她穿过的服饰粉丝一定也想拥有。这看似是一种“脑残”级别的膜拜，但却不能否认确实有效，她的粉丝对这种直接推送的推广方式特别买账。这一点从张大奕淘宝店铺每一次新品上架后的销售数据中就能看出。

商家和企业必须明白，网红必须跟自己的企业有利益关系。利益绑定越深，网红才会不遗余力地为企业推广，企业也才会放心去砸钱培养。

淘宝店家用“网红+微视频”推广店铺的4个技巧

随着淘宝开通了微视频平台，许多淘宝店家开始关注用网红推广店铺。我们可以通过下面的4个技巧来完成。

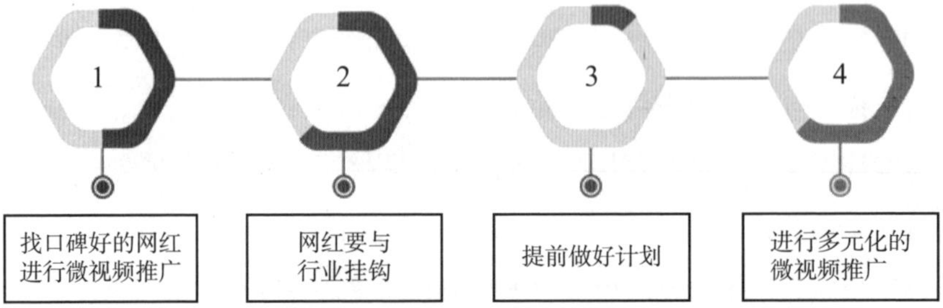

图7-15 淘宝店家用“网红+微视频”推广店铺的4个技巧

◎ 找口碑好的网红进行微视频推广

店主在寻找网红给自家店铺做微视频推广时，尽量避开带有负面新闻的网红。也许这样的网红暂时有较高的关注度，但是他们的负面信息为店铺所带来的经济价值可谓是收效甚微，可能会由于他们的负面形象对店铺产生不利影响，这样反而得不偿失。所以在寻找网红时，店家要找一些口碑好的网红做微视频推广。

◎ 网红要与行业挂钩

除了口碑好这一标准以外，进行微视频推广的网红还要尽可能与我们的行业有关。例如，如果我们的店铺卖的是服装、护肤品等商品，那么可以选择网红进行微视频推广。但如果我们的商品是高档的物品，如皮草、珠宝等，就不建议用“网红+微视频”的推广方式，因为对于这个消费群体来说，网红已经不足以具有说服力和可信度。

◎ 提前做好计划

在进行“网红+微视频”推广之前，要事先就利益的分配、售后质量问题等达成共识，最好的方式就是提前做好计划，以免在整体的合作过程中出现差错，建立一个长期有效的微视频推广关系。

◎ 进行多元化的微视频推广

实力较强的店铺优势更大，灵活性也更高，可以选择多个网红进行微视频推广，而推广方式也更加多元化。同时，粉丝数量、店铺点击率等数据也是一项值得关注的信息，要对此进行专业的分析，从而决定后期的运作方向。

最后要特别提醒大家的是，利用网红进行微视频推广，并非仅仅局限于淘宝、秒拍、小咖秀、抖音等单一的平台，所有的社交平台都可以为我们所用。

第 8 章　如何借微视频为品牌赋能

如今，内容即广告的微视频已经成为倍受品牌主青睐的营销方式。从999感冒灵《总有人偷偷爱着你》，到招商银行的《番茄炒蛋》，还有唯品会携手周杰伦的《开不了口》。虽然都是广告，却更多以温暖、动人的微视频切入观众视角，不似通常意义上的硬广告那样生硬，获得了很好的营销效果。

8.1　病毒式营销：如何让微视频像“病毒”一样疯传

曾经有个以婴儿作为主角的微视频，一度在网络上引起了轰动。一群活泼可爱、穿着纸尿裤的婴儿，随着说唱音乐滑起了旱冰，他们笑容满面，轻松地搞定了各种帅气的高难度动作。这个有趣的微视频一时间被网友们疯传，不到半个月的时间，单单在 YouTube 上就突破了 900 万的点击量，最终，这则广告凭借亿万的点击量，入选了吉尼斯世界纪录。

这个令人忍俊不禁的微视频，并非什么大制作的电影片段，而是法国依云（Evian）公司拍摄的一个矿泉水广告。这则微视频在网络上迅速蹿红，被广大网友追捧，旱冰宝宝们变成了耀眼的网络明星，依云公司则收获了相当

惊人的营销效果。

在这个案例中，依云公司的微视频营销无疑取得了惊人的成绩，短短的时间内，其制作的微视频如同电脑病毒横扫全球网络社交平台，带来了超亿万级的点击量。这个微视频营销案例可谓“病毒式营销”的成功范本。

什么是病毒式营销

病毒式营销，是指项目发起人将产品的最初信息传达给用户，再依靠用户自发性、积极性的口碑，传播到更广泛的人群中的一种营销策略，因为这种营销模式和传染性病毒一样传播迅速，所以被称作“病毒式营销”。

与传统的大众媒介不同的是，我们首先要将微视频通过视频网站、微博、社区等社交平台传达给目标用户，再依靠目标用户自发地将视频广泛传播和扩散，短时间内影响更多的用户，从而达到对企业、品牌、产品的宣传目的。

互联网与传统的大众媒介不同，在互联网平台上，观众终于摆脱了只能单方面接受的境况，可以通过评论、转发与他人互动，这种交流与传播，正是病毒式营销需要的沃土。

并没有人向你征询意见，就突然有广告出现在你眼前，这是传统广告模式。而病毒式广告则采用完全不同的形式：你的朋友通过社交平台发给你一段微视频，因为来源相对可靠，你选择认真观看。你看完觉得很不错，于是又把它介绍给更多的朋友，病毒式营销会通过用户的转帖与评论影响到更多的人，传统广告根本达不到这样的效果。

总的来说，利用微视频结合病毒式营销方式的优势有以下几点：

◎ 传播速度快

与传统广告营销不同，病毒视频营销可以不断在人群中推广，完全不会受到时间与空间的任何约束。包含在微视频中的品牌或产品信息等重要内容，就像击鼓传花一样，由消费者主动传给了后来的人们。

◎ 接受程度高

传统广告多是强势的植入性模式，这很容易令消费者心生厌倦，从而产生免疫，他们往往选择性忽略传统广告的传播，这样投放广告的接受度就会大打折扣。而对于由社交网络上看到的，来自自己身边的朋友或者亲人传播的微视频，消费者往往不会有太大的戒备心，自然很容易接受。

◎ 多渠道、成本低

在互联网高度发达的今天，病毒微视频营销的传播渠道可谓多种多样，无论是电子邮件、聊天平台、博客微博、社交论坛，还是微信短信等，都可以发布微视频，渠道的多样性使受众层面非常广泛，极大地提高了传播效率。除此之外，病毒微视频营销的成本也相对低廉。

如何利用微视频做病毒式营销

如何找到适合品牌诉求的“病毒”，是企业在进行病毒式营销时需要重点思考的问题。对于这一点，很多商家和企业认为，直接将广告生搬硬套到微视频中就可以了。请注意，这是一种错误的思维。

用微视频进行病毒式营销，你的微视频如果不能吸引大众的眼球，就会被无情地扼杀。只有那些创意好的视频，只依靠自身魅力就能够俘虏万千大众的注意力，它不用花大价钱购买媒介渠道，自然以病毒形式由消费者扩散开来。所以，只有能牢牢抓住消费者注意力的好点子才是优秀的“病毒”。

例如，前面案例中依云公司的“旱冰宝宝”之所以能够获得巨大的成功，体现在新奇的创意上。我们都知道，滑旱冰并不是婴儿能够做的事情，所以这个话题一开始就引起了观众们的好奇——这就是引发病毒的起点。通过电脑特效，让可爱的婴儿们完成了滑旱冰的巧妙短片，这就是一个良好的病毒营销载体。在短片高潮部分将品牌信息巧妙植入其中，在旱冰宝宝情绪高昂、汗流浃背时，依云矿泉水适时出现了，相信所有的观众都会对这个情节印象深刻。

那么，商家、品牌和企业到底应该如何打造出像依云公司这样的病毒式营销效果的微视频呢？

◎ 讲故事

在制作微视频之前，我们需要先静下心来，仔细考虑以下几个问题：

制作微视频的目的是什么？

我们的产品是怎样的？

它有什么特别之处？

它能解决人们的哪些问题？

大多数企业会把产品描述作为宣传核心，但告诉消费者你的产品能够为他解决什么问题才是消费者更加关注的问题。如果你的产品针对的正是消费者频繁抱怨的问题时，就是营销中最理想的状态，因为人们能马上感同身受地联想到自己的烦恼。

Dollar Shave Club 公司的剃须刀微视频正因为其趣味性，所以很快获得了消费者广泛的关注，但它真正能抓住顾客眼球的奥妙则在于它讲了一个真实的故事——市场上充斥着过于复杂昂贵的剃须刀。这个故事恰好迎合了消费者的疑问：我们究竟需不需要带震动和照明以及有着十个刀片的剃须刀？

◎ 短小精悍

将微视频控制在3分钟以内是最理想的状态，而吸引人眼球的内容则要在开始15～20秒内就抛出，正如我在课堂上经常对学员提到的，如今面对新媒体平台，人们就好像骑手在马背上，只想快速浏览内容。我们都知道一个完整有效的微视频内容加上极高的参与度才能吸引用户自行转发。人们通常不会分享连自己都没耐心看完的视频，因为实在太长且无趣。

例如，运动装备品牌Under Armour曾经邀请职业橄榄球明星汤姆·布兰迪（Tom Brady），作为品牌的主角拍了一段3分钟的微视频。布兰迪进入洛杉矶的Dick's体育用品店，想要买一双由自己代言的高尔夫手套，却被旁边的店员狠狠戏谑了一番，这位店员不仅没认出汤姆·布兰迪，更嘲笑他的波士顿口音让人听不懂。布兰迪只好解释自己只是效力于波士顿，并不是波士顿人。虽然这是一个彻头彻尾的商业广告，但许多人还是兴致勃勃地看了下去并进行了转载。

◎ 博出位

如果我们能在微视频中注入令人惊喜的新元素，不仅能驱动用户进行分享，更能赋予企业、品牌、产品更多的个性。例如，我在教学员微视频营销的相关内容时，也会时常讲一些冷笑话，提高学员的兴趣。微视频病毒式营销也是如此，商家、品牌和企业策划微视频内容时，可以考虑加一些幽默、新奇的元素进去。

例如，可以在微视频中独家报道一些不被人知晓的故事，如行业领域内里程碑式的创新，或者生产经营时让你感悟的动人瞬间。这时需要注意的是，怎样活用图片或连续镜头来吸引观众眼球，避免对企业领导人的呆板展示。

◎ 注意微视频病毒式营销的基本要素

此外，商家、品牌和企业还要注意微视频病毒式营销的五个基本要素：

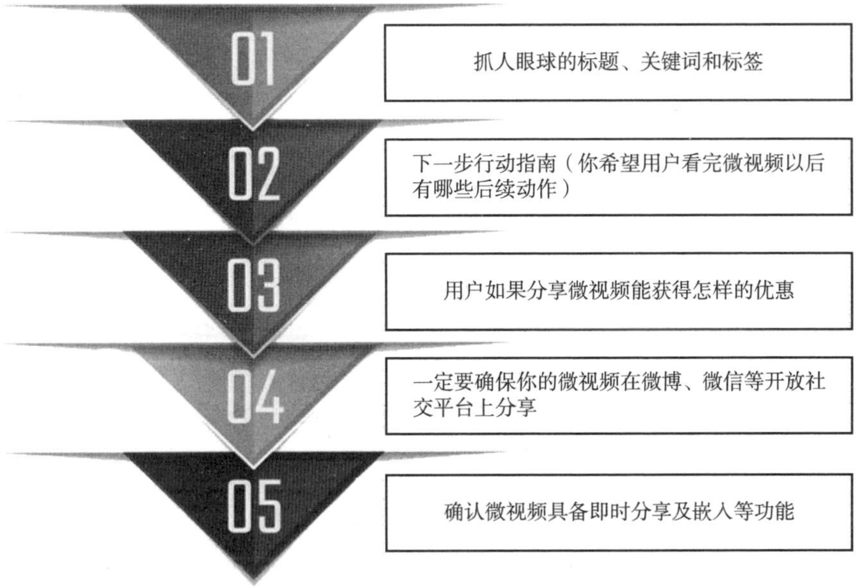

图8－1　微视频病毒式营销的五个基本要素

◎ 需要一点好运气

虽然微视频病毒式营销并不依靠运气，但有时候，运气也是微视频营销的重要推动力。外国著名营销学家沃舍曾经说过，“在10个微视频里，能有一个达到病毒式营销的境界，就相当不错了”。所以，商家、品牌和企业只需不断努力，制作出更多符合病毒式营销的微视频，至于后面的事情，没有人能预测，也许下一个网络热点的创造者就是你！

8.2 事件营销：如何利用“一件事”提升品牌知名度

事件营销是如今不可或缺的市场推广与公关传播手段，具有形象传播、广告效应、公共关系和销售推广等各种作用，对于如何快速提升企业品牌知名度及带来巨额产品销售，事件营销堪比营销核武器。

事件营销定义——创意为魂

所谓事件营销，是指企业通过主动策划或借势利用具有新闻价值的人物或事件，吸引媒体和消费者的兴趣与关注，以求提高企业或产品的知名度和美誉度，树立良好形象，并最终促成产品销售或提升个人形象的手段和策略。这种营销方式具有受众面广、突发性强的特点，能够在短时间内使信息得到最大、最优的传播效果，而且所耗费用低，成为微视频营销最常用的营销手段之一。

简而言之，通过把握新闻的规律，就抓住了事件营销的核心，并且制造具有新闻价值的事件，以及通过有效操作传播这一新闻事件，从而实现既定的营销目标。可见，事件营销的关键就在于，将某一具有新闻效应的事件突出，最好能够主动制造新闻事件。

如何做好微视频的事件营销，重点在于营销人需要具有独到的眼光以及对与企业相关的热点时刻保持高度的警觉性，充分利用现有的热点事件，让公众不仅关注热点事件本身，同时关注到品牌及企业。要做到这一点，就需要商家、品牌和企业推出的“事件”的新颖性足够鲜明且富有特色，能够抓住观众眼球。

例如，农夫山泉曾经推出一个十分富有创意的微视频，即“每卖一瓶矿泉水就捐献一分钱支持北京申奥”的营销事件，让消费者也参与其中并且十分有意义，此举大获成功。但是，紧随其后提出一分钱支持农村和落后地区的体育教育事业的“阳光工程”，这些营销事件的号召力相对而言就没有之前的大了。如果其他品牌也趁热打铁推出相关方案，响应者自然不会如农夫山泉那样多，甚至还会引起抄袭效仿之嫌。

再如，著名的海尔“砸冰箱”事件，经历此事之后海尔的销售量非但没有下降，反而在消费者心中树立了高信誉、大品牌、值得信赖的良好形象。但是，如果其他品牌也想模仿海尔此举，恐怕就收效甚微了，因此海尔砸冰箱的举动令其他行业望尘莫及。

微视频事件营销特性——收益与风险并存，如何趋利避害

正如一个硬币有正反两面，微视频事件营销对于商家、品牌和企业来说也有正反面，即收益与风险并存，因此企业在采取这种营销手段时，首先必须了解这种营销手段的特性，做到心中有数，才能更好地趋利避害。

归纳起来，微视频事件营销主要有以下三大特性：

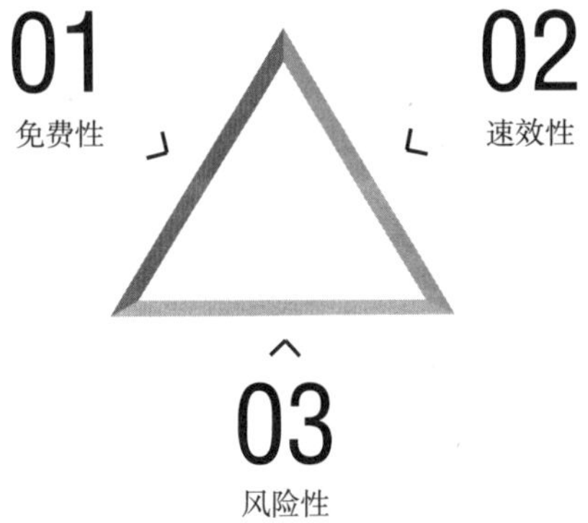

图8-2 微视频事件营销的三大特性

◎ 免费性

我们都知道，天下没有免费的午餐，但是事件营销却是一个特例。如今新闻传播机制已经相当完备，而且绝大多数的新闻具有免费性，事件营销正是利用新闻的免费性来实现自己品牌的传播效果。在如今高速发展的信息化社会中，即使不依靠现有的新闻事件热度，而是自力更生来制造热点，相对传统营销方式而言制造成本依然极低。只需要新闻具有足够重要的意义，同样能够吸引媒体的注意力和消费者的关注。

◎ 速效性

合理利用事件营销自身的优势功能，对于微视频的推广和品牌的树立无疑起着巨大作用。热点事件本身的热度加之企业利用已有的热点事件进行自我推销，关注度自然会产生立竿见影的效果，得到群众的广泛关注以及推广，同时由于如今网络传播体系的完善和发达，事件营销对于微视频营销更是如虎添翼。

◎ 风险性

虽然事件营销运营具有免费性，但事件营销的另一面——高风险性也相伴而生。事件营销本身是免费的，但如果商家、品牌和企业在利用事件制作微视频时，策划和操作不当，其高风险性可能给企业带来意想不到的麻烦。而风险性主要来自热点事件选择的恰当程度、媒体行为的不可控和新闻传递过程中的信息扭曲及新闻接受者对事件的理解程度。通常情况下，企业虽然通过微视频事件营销提升了自身企业品牌知名度，但也会让公众产生反感情绪，这无疑会对企业造成不可预估的损失。

微视频事件营销的成功三要素

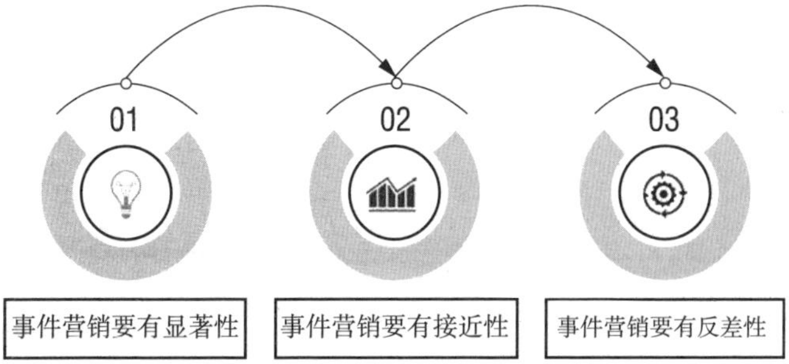

图 8-3 微视频事件营销的成功三要素

◎ 事件营销要有显著性

新闻价值与新闻中的人物、地点和事件的知名程度成正比，政府要人、知名人士、历史名城、古迹胜地等都具有重要的新闻价值。例如，北京大学砍棵树，清华大学的老楼重新起名字，这些新闻都很容易引起媒体的关注和报道。

◎ 事件营销要有接近性

新闻价值与事件在受众心理上、利益上和地理上的相关性也是成正比的。互联网时代的发展可谓给事件营销带来了东风，通过网络传播，一个事件或者一个话题可以更迅速、快捷地传播到各个角落，受到众多人群关注，成功的事件营销案例由此应运而生。在如今的网络时代，只要营销得当，人人都可以做到一朝天下知，关键就在于要与主流公众在心理上和利益上相接近，引起公众情感上的共鸣。

◎ 事件营销要有反差性

人都具有猎奇和求异之心，人类天生的好奇心可以称为新闻欲本能。狗咬人不是新闻，人咬狗才是新闻。其间的关键要素越多，新闻价值也就会越大，自然而然就成为所有新闻媒介竞相追逐的对象，群众所关注的焦点。

8.3 粉丝营销：如何让粉丝成为免费推销员

过去人们做生意常说“人脉就是金钱”，如今时代变了，现在是网络营销的天下，流量才是金钱。在顺应市场方面，很多微视频领域的企业和个人率先完成了转型，而如何有效地吸引流量、稳定粉丝、开发粉丝经济，已经成为微视频营销的首选。

要想成功地利用微视频进行粉丝营销，首先我们要知道如何利用微视频吸粉。微视频有以下三大吸粉方式：

人格化吸粉

对于所有的微视频从业者来说，做内容的原因就是为了涨粉，涨粉的目的就是为了多挣钱。对于很多商家来说，顾客进入门店买到了自己心仪的物品，然后付钱离开，这样的模式很难让商家和顾客之间产生稳定的情感联系。除非顾客在一遍又一遍的硬广中被洗脑，他们才能产生情感认可。但是这种方式的成本投入是很高的，对于那些中小企业来说，应该如何用最低的成本吸引最多的粉丝呢？

“人格化”的方式就是最佳选择。什么是“人格化”吸粉？例如，潮牌设计师、美食达人、美妆博主、电竞解说等都是有身份的角色，这类人通过微博、公众号等，从自身角色身份的角度出发发布内容，当他们在自己的领域成为精神领袖时，用户自然而然就变成粉丝了。

电商直播吸粉

近几年，直播平台发展得如火如荼。直播是一种互动性很高的传播途径，直播的主要组成部分就是与粉丝、观众互动。那么，直播是怎么变现的呢？在直播过程中，主播实时和粉丝互动，对产品进行营销，实现变现。但是直播和微视频还是有区别的，微视频属于“定向输出”，也就是说，在微视频推出之前，所有的内容都已经设定好了；但是直播没有那么多条条框框，一切都是即时性的，直播要根据观众们当下的问题和要求进行回复。因此，直播不仅对主播的个人表现力有更高的要求，对主播的临场反应能力也是有要求的。

那么，直播应该如何和电商、微视频营销结合起来呢？随便找一个主播，让他展示一下产品，说点产品的优点就行了吗？当然不是，企业在选择主播的时候，一定要从产品出发，选择那些和产品气质比较相近的主播，例如，一款女性用品，如果找一个电竞主播，肯定会被同行笑掉大牙。现在的网红主播分两种，一种是爱屋及乌型的，因为喜欢主播而去关注产品，如张大奕，曾经在“双11”期间创下直播两小时卖货2000万元的纪录。另一种就是纯娱乐性质的主播，如唱歌、搞笑、电竞等。所以，企业在选择主播的时候，一定要选择适合自己的主播，相对来说，电商网红的销售能力更强。

电商与内容IP相结合吸粉

优质的内容才是制胜的法宝，什么样的内容才是优质的内容呢？判断标准很简单，有粉丝、有市场。

如今，很多电商平台都开始和内容创作者展开合作，创造了“内容+电商”的新模式。2017年的“双11”创下了1400亿元的销售记录。天猫美妆板块和雅诗兰黛、SK-Ⅱ等一线美妆品牌联手，与优秀内容创作者展开合作，为消费者提供了不一样的购物体验。从这一点，我们可以看到，内容营销在品牌宣传过程中起到了举足轻重的作用。因此，品牌和各大人气内容制造者合作，也不失为一个涨粉的好办法。例如，中国的 MCN 团队不仅做 PGC 内容，还要建立领先的“网生 IP 孵化 + 电商”模式。电商和微视频相融合，才是未来盈利的最好模式。

8.4 根据产品生命周期等使用微视频

微视频作为一种营销工具，从传统的 TVC、影院广告等转变为微视频营销，犹如雨后春笋般蓬勃发展。调查研究表明，74% 的人认为微视频更能改变受众行为，50% 以上的企业认为微视频能够将转化率提高 70% 以上。虽说作用如此众多，效果也是有目共睹，但是微视频营销绝非仅是拍个片子这么简单。

根据产品的生命周期，结合不同的微视频营销方案

所谓产品生命周期，也就是产品的市场寿命，是一种新产品从开始进入市场到最终被市场淘汰的整个过程。在产品的各个阶段（开发、引入、成长、成熟、衰退），需要结合不同的微视频营销方案。

在产品引入阶段，微视频内容的作用就在于打开市场。如果处于细分市场，或者 B2B 行业，其产品逻辑更为复杂，企业就需要一个介绍性微视频，向人们展示产品的主要特点，与消费者的利益点完美结合。但是并非所有产品都需要使用介绍性微视频，如产品逻辑简单、市场容量大、低价高频（如快销品）的产品，反而适宜直接用电视广告等 15s、30s、45s 和 60s 的视频呈现，通过投入较高传播成本，采用快速掠取战略。但是在引入阶段用消费者证言的形式增加可信度，则是一种十分有益的方式。

产品成长阶段往往需要加大传播推广力度，这时运用“病毒微视频”吸

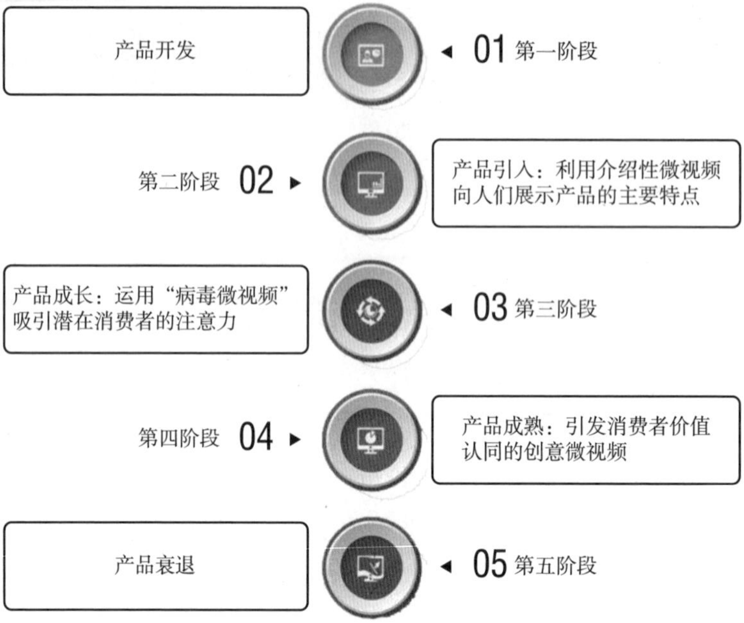

图 8－4　产品各个阶段的微视频营销方案

引潜在消费者的注意力则是一种不错的选择。通过对 USP（独特销售主张）的创意微视频进行提升，从而突出自身亮点，进而博得消费者的眼球，以此提高产品可信度和大众口碑。这里仍然需要借助介绍性微视频，应用场景视频或者消费者证言，提升品牌知名度，传递品牌愿景微视频，通过这些微视频进行组合营销，对企业发展将起到重要作用。

在产品成熟期则需要抓住消费者，也就是常说的回头客或者老顾客，达到此要求的关键是增强品牌认同感。满足消费者利益的途径，除了提炼 USP（独特销售主张）的电视广告片以外，引发消费者价值认同的创意微视频也是一种十分重要的方式，如用公关活动视频（如可口可乐的慈善行为）、纪录片（如农夫山泉的员工纪录片）、带情节的微电影传递企业的价值观，获得消费者的价值认同，形成消费者与本产品的情感纽带。

根据竞争对手的特点，制作差异化的微视频

若市场环境暂处蓝海，竞争对手相对较少，选择的自由度也就更大，品牌特点与个性是突出要素。例如，作为共享经济的领军企业，Uber 不仅是一种交通工具，更重要的作用在于社交，并且通过展示一系列公关活动来突出这个亮点。

例如，神州专车作为后起之秀，要想长期立足市场，则需与对手进行优劣对比，所谓“知己知彼，百战不殆”，找准并突出自己的优势。于是神州专车找到了以“安全”定位的切入点，通过一系列微视频反复强调乘车安全，“拒绝黑专车”，这无疑是一种成功的差异化营销手段。

通过营销场景和消费者触点判断

微视频的类型是由营销场景和消费者触点所决定的。结合产品的整体营销计划，以及考虑营销场景配置，相应的微视频类型才能应运而生，成为营销的有力推手。

第 9 章 “微视频+”营销：低成本获取海量用户的套路

与“互联网 +”“网红 +”“直播 +”一样，当微视频逐渐发展壮大后，“微视频 +”便逐渐成为企业和商家争相运用的营销新模式。就目前来说，“微视频 + 直播”“微视频 + 网红”“微视频 + 电商”“微视频 + 大数据”是企业和商家运用最多的“微视频 +”模式。

9.1 微视频 + 直播：高调上线新产品的“火山式营销”

“微视频 + 直播”是指电商直接通过微视频平台直播售卖产品或服务的一种商业营销模式。

“微视频 + 直播”为电商发展提供了新的思考方向，为微视频变现指出新的方法。面对这种新的营销模式，我们可以毫不夸张地说，“微视频 + 直播”确实是绕过 BAT 的另一个机会。

“微视频 + 直播”有什么优势

当直播与微视频结合之后，两者相辅相成会让直播变得易于掌握。微视频具有时间短、容错率高、成本较低的特点，可以弥补直播对于碎片化时间的市场短板。二者的结合可谓取长补短，能产生较好的营销效果。精彩的微视频内容可以让粉丝充分了解微视频内容创造者的风格与气质，而直播的真实性与互动性可以抓住粉丝的话题和目光。“微视频＋直播”这种社交模式，加深了创作者与粉丝之间的关系，提高了用户的黏性。“微视频＋直播”对营销来说，具有以下两大优势：

◎ 吸引流量，缩短购买决策

可以将直播过程中大量的视频内容，通过再次精心编辑，剪辑制作成微视频，用这个微视频来吸引流量，最后在下次直播中点燃粉丝心中那把热情的火焰，完成营销行为。以电商为例，电商通过“产品微视频”“小剧场”和“买家秀”等方式从正面或侧面介绍产品特点，再开通直播喜迎消费者观看，从而大大缩短了消费者的决策时间。

◎ 实现二次传播

内容创作依然是直播的重点所在，UGC 模式缺乏专业的制作团队，没有完善的创作流程，无法保证最后产生视频的质量和效率。而 PGC 的模式本身即以内容作为根本，互动交流为辅助手段，PGC 以专业生产内容的价值为盈利点。

例如，从不看颜值，只贩卖营销智慧的财经直播，就是一个非常典型的 PGC 模式，财经直播内容本身的含金量很高，在直播时设有门票，用入场门票的方式很容易就将真正有需求的观众区分了出来，当直播结束后，使用微赞的视频上传功能，提取内容亮点并添加合适的字幕。这样很容易进行二次传播与收费。

总之，“微视频＋直播”这种新型的营销方式，并不是单纯的“1＋1”。在利用互动性极强的直播拉近与粉丝关系的同时，微视频必须依靠强大的传播能力，一方面，要保持直播间的热度；另一方面，要不断为直播增加新的人气。如何正确使用“微直播＋视频”来营造粉丝流量的大爆发，并顺利地将流量转换为盈利，才是我们目前急需突破的重点。

直播平台纷纷杀入微视频战场

微视频的大爆发，促使许多直播平台也开始试水微视频玩法。陌陌、花椒、映客等直播网站纷纷上线微视频功能。不仅如此，这些平台也在努力寻找平台自身与微视频更加契合的模式，力争让微视频发挥出更大的优势。

据不完全统计，各大直播平台的微视频动作如表9－1所示。

表9－1　各大直播平台试水微视频的动作

时间	平台	事件
2015年11月	陌陌	上线微视频功能，用户可以录制不超过30秒的微视频
2016年9月	映客	上线微视频功能，时长限制在10秒以内，且在24小时之后会消失
2016年9月	NOW	上线小视频录制功能
2017年3月	来疯	开始力推微视频
2017年5月	斗鱼	上线微视频功能，并设置了标签分类功能
2017年8月	YY	推出微视频平台“补刀小视频”，更重视用户的评论互动
2017年9月	花椒	宣布2017年投入1个亿，签约微视频达人并对优质内容提供额外补贴

如何利用“微视频＋直播”进行营销

用内容留住观众，激发他们热情地参与

首先，我们需要搞清楚观众为什么看直播？也许是想打发时间，也许是想得到新的信息等，但是他们进入直播间时都有一个基础的共识——观众希望与镜头后面的品牌或者团队有双向交流与讨论，这也是直播之所以存在的基础，所以绝不会有人想要看你在直播里长篇大论，夸耀产品的种种好处。

让我们先来做个投票，具体了解这个问题：

下面两个内容，你更想看到哪一个？

☐ 车内生存挑战赛，24 小时全程直播。

☐ 老司机带带我，让我们聊聊车里车外的奇葩奇幻经历。

上面的直播内容，人们大部分会毫不犹豫地选择第二个，第二个其实是虎嗅网“创夜公寓”栏目出现过的直播主题，虽然现在看这个节目框架的时候，觉得有许多需要修改的地方。毕竟，直播的观众很少能超过几十万乃至上百万，在这个“好奇心害死猫”的时代，一丁点儿动静都可能吸引来一大批嗅觉灵敏的“吃瓜群众”。而我们作为企业、商家，需要研究的是，什么样的直播内容可以留住观众，并且激发他们热情地参与。

◎ 正确使用直播时间、频次和提醒

一场好的直播，从选择直播时间开始就应该慎重，直播的时间、频次都需要慎重思考。这两点会直接影响到直播内容的实际达到率。开播时间与频次直接对接观众活跃度，需要我们定期与粉丝互动。

目前，直播间需要依赖观众主动获取，一般我们会多次提及和大规模传播，这样才能扩大接收观众的范围。为保障用户能及时收看直播，前期提醒必不可少。我们根据经验总结了一些关于直播时间、直播频次以及直播提醒的规律，供大家参考。

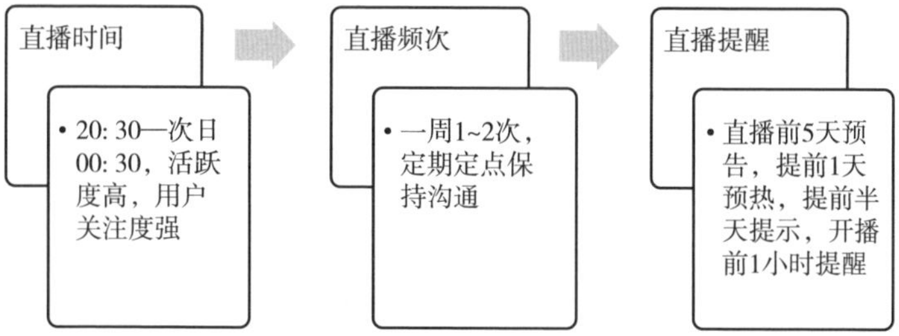

图 9－1　直播时间、直播频次、直播提醒规律流程图

◎ 扩散口碑事件

品牌和商家要进行直播，首先需要扩散口碑。什么是扩散口碑事件呢？

就是企业或商家在消费群体中选出一些产品的铁杆粉丝，在这些铁杆粉丝中建立参与感持续“发酵”，然后把企业或商家与粉丝之间互动时产生的有趣内容包装成可传播的话题，成为口碑营销裂变。充分利用“以点带面”的方式，一传十、十传百地扩大影响规模，甚至影响到百万、千万用户参与到互动规模中来。同时，需要进一步满足已参与用户的成就感，这样参与感才会形成螺旋状扩散，并产生足够的风暴效应。

“扩散口碑事件”进行的途径一般包括两种：一是在和观众互动的过程中，依托发现的话题进行深度的专题事件传播；二是在开放的产品内部植入鼓励用户积极分享的机制。

◎ 勿将直播间变成自己的舞台剧

从没有一场微视频直播营销不经过认真策划就上线的，所以每一个流程都需要认真细致。但是观众进入直播间，是本着“看戏不怕台高”的心态，他们反而希望直播能出糗或穿帮，这才是他们想要的娱乐性与心理上的满足。所以，企业和商家在直播尤其是深度互动直播时，千万不可自作聪明，将自己当作直播理所当然的主角。

9.2 微视频+网红：快速赢得粉丝的营销模式

从本质上来说，“微视频+网红”骨子里其实与传统意义上的视频直销一般无二，如果要说有什么不同，那就是从主持人单向讲解营销，变成了网红与观众之间的互动。比起传统的微视频，“微视频+网红”的组合模式更加生动，具有娱乐性。这一点，我们通过图9-2中“微视频+网红”吸粉的数量就可看出。

图9-2 “微视频+网红”的吸粉效果展示

“微视频+网红”对营销有三大优势，如图9-3所示。

通过图9-3，我们可以清晰地看出“微视频+网红”的模式无疑是企业、品牌与商家营销上的一场及时雨，能否利用“微视频+网红”从中得到更多的利益，取决于是否能够抓住良机。

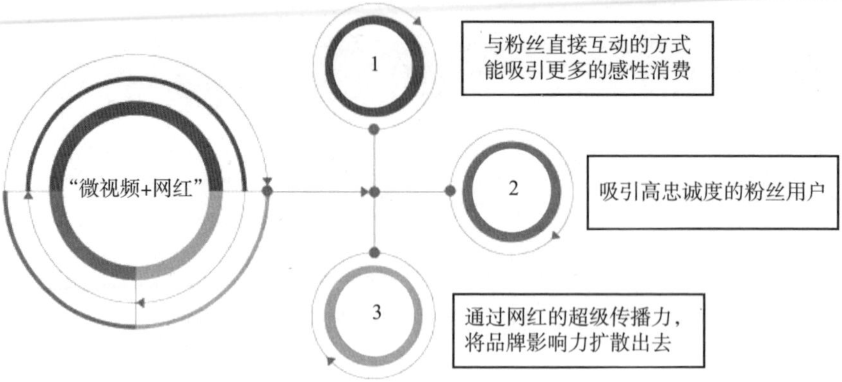

图9－3　"微视频＋网红"对营销的三大优势

要具备"网红思维"

企业、品牌和商家如果想要搭上"微视频＋网红"的顺风车，首先必须在多年的传统经营思维中注入"网红思维"。归纳起来，企业、品牌和商家要具备以下两大"网红思维"：

图9－4　企业、品牌和商家要具备的两大"网红思维"

◎ 产品比营销更重要

"重视产品要多于重视营销"，这是"网红思维"的首要表现。在企业习惯的营销模式里，营销的作用经常被放大，甚至会忽视产品本身。有些企业甚至认为好的营销才能给企业带来销售额与盈利，至于产品“差不多就行了”。

但在“网红思维”里，对产品的重视程度要远远高于营销。网红运营产品的背后是庞大的互联网，在网络的媒介下，网红产品是判断粉丝心理与需求的产物。将粉丝转变为消费者才是网红变现的基础。基于上面的原因，网红们在微视频中会把重点放在与粉丝的互动中，认真了解粉丝的喜好与需求，有的网红甚至把尚在研发阶段的产品放到微视频上，将选择权交给粉丝，只有那些粉丝们选出的产品式样才会投入生产。

以经营服装类淘宝店铺的网红为例，每次店铺推出新品前，都会先进行选款、设计、搭配，然后送到工厂制作，在选款、设计、搭配等前期工作结束后，网红可以通过微视频在社交平台上征集粉丝意见，待到最终产品上架后再通过微视频向粉丝展示和推广。

这种网红的“重视产品多于重视营销”的思维，对企业、品牌和商家是一种极好的借鉴，这种思维是企业、品牌和商家能否做好“微视频 + 网红”营销的关键所在。

◎ 得到更多用户反馈

互动是为了得到更多用户反馈——这是“网红思维”的第二种表现。在如今的企业营销方式里，网络互动营销推广已深受好评并有广泛的运用，微博、微信、微视频等各种方式令人目不暇接。“互动”是指企业、品牌和商家利用“微视频 + 网红”与消费者双方的沟通。但就现在来说，这是不少企业的短板。许多企业、品牌和商家的网络互动平台常常只是摆设，并没有真正实现互动，因而也达不到真正的推广效果。

即时获得用户反馈才是“微视频 + 网红”营销模式中互动的根本目的，而不是营销贩售产品。关于这一点，企业、品牌和商家可以利用以下三点达到效果。

一是创造个性化内容。网红作为微视频内容的输出者，有着比企业更强大的内容创造能力。例如，依靠个性化内容获得粉丝青睐的超级网红 papi 酱。

二是粉丝反馈互动。网红对粉丝反馈的重视程度是企业所不能比拟的，因为网红们知道，只有在粉丝的反馈里才能看到他们的需求，他们经常通过由反馈之后叠加的互动，来增加粉丝的忠诚度。这就是为什么我们常常看到，在线直播的网红永远都会在第一时间内回复粉丝的弹幕，为什么高质量的微视频留言也会即时得到大V们的回应。

三是互动内容基于用户需求。要想网红通过微视频输出的内容获得用户反馈，就要保证网红在微视频中的内容符合用户需求，这也是网红能迅速获得用户反馈的重要因素之一。

成功的“微视频+网红”营销来自分享互动

在前面的网红思维中，重点介绍了“互动”。互动是获取用户反馈信息的必要手段。综观如今成功的“微视频+网红”的营销案例，其成功的基础无不来自成功的分享互动。

例如，小米公司在营销上之所以能取得成功，主要就是因为与用户之间的有效互动做得好。2017年11月，小米也开始了“微视频+网红”的营销尝试。作为企业超级网红的雷军，在美拍里鼓励小米的粉丝们卖起萌来，而且参与活动的门槛非常低，只要关注小米手机的美拍官方账号，发卖萌微视频并打上话题#卖萌不可耻#就可以了。

#卖萌不可耻#的美拍相关微视频，在短短几天内播放量一下子突破了1000万。因为美拍平台同时兼具社交媒体与视频拍摄工具双重身份，又打通了微博、微信、QQ空间、Facebook等社交平台，因此小米这个互动活动在传播上也得到了很大的延伸。用户参加活动拍完微视频的同时，也会同步分享到其他平台。如在微博上，#卖萌不可耻#的相关话题有2853.4万的阅读量，这是一个相当大的曝光量。

小米公司是非常明显的网红型企业的代表，小米的成功案例告诉我们，成功的互动是“微视频+网红”营销成功的基础，网红通过互动与客户形成“共鸣”，这才是营销活动最为坚实的基础。以下三个技巧可供一试。

◎ 加入娱乐成分

分享互动首先要迎合粉丝的特征。针对目前互联网粉丝反映出来的种种特性，互动的内容首先要加入娱乐化的成分。这是一个全民娱乐的时代，过于严肃的互动话题不会引起互动对象一丁点热情和回应，只有增加了“娱乐化调料”的互动，才会引起互动对象的兴趣，使他们自动参与进来。

如今，无论是过去特别严肃的综艺电视节目，还是以往台风严谨的歌唱家和演员们，当他们与观众进行互动时，也不忘说几段笑话，这么做的目的就是为了博观众一笑，提高节目或者个人与粉丝互动的质量。所以，对于企业、品牌和商家来说，如果想要得到用户的认可，就一定不能继续“高高在上”，只有放下身段，利用“微视频＋网红”和粉丝、用户热情互动、打成一片，才能真正了解客户的需求，满足他们的愿望，收到好的营销效果。

◎ 互动需要“关注点”

网红经济有一个非常重要的特质，就是“关注点”。大获成功的网红们，身上一定都有着吸引人们眼球的关注点，如美貌、文笔、才艺、背后的故事等。这些“关注点”在互动时将会引发粉丝浓厚的兴趣，在互动时能够制造出话题，并提升互动效果。

“微视频＋网红”营销中的互动，并不是简单的你一句我一句，如果想要取得好的效果，需要企业或商家投客户的喜好，输出对方感兴趣的“积极”话题，而这正是用户对你的“关注点”。所以企业与商家首先要找出自己能吸引用户的关注点究竟在哪里。

◎ 通过“互动”传递品牌意识

网红经济从本质而言是因为“美丽”，因为“美丽”而获得注意力，从而产生的营销经济。所以对网红而言，成功的周期如果想要延续下去，除非得到品牌的引导。因此，网红会相应调整互动的层面，慢慢增加对品牌信息的传递，网红们从一开始的产品推销转而迈向对个人品牌的宣传。这个时候网红们已经意识到，如果一味停留在卖货上，那么自己始终不过是销售员的角色，这种不能给粉丝提供除产品外任何附加价值的模式，已经落伍了。除了网红销售的产品种类日趋丰富、价格低廉，在产品之外，粉丝还需要获得额外的价值，这才是网红存在的真正意义，网红们的重点就是要成功地赋予粉丝们寄托于产品价值之上的、更多的情感价值。

所以我们看到，很多网红已经开始着重与粉丝建立情感的纽带，这一点是网红通过与粉丝互动来传递品牌意识而最终达到的。

曾经做过模特的蔡珍妮，给人的印象是精致的面容、个性有型的穿搭、爽朗的性格，在互联网上也是备受追捧。蔡珍妮一手创办了淘宝店铺 niconico，凭借曾做过模特的优势，她在微视频中与粉丝们分享自己在美妆和服饰上搭配的心得。她深深地知道自己的粉丝最关注的是哪些内容，通过持续不断的内容分享与互动，蔡珍妮的个人化妆品牌已经深深嵌入了粉丝们的脑海，粉丝的黏性也得到增加。蔡珍妮表示，“通过互动分享，粉丝们更加信任和喜欢我，所以也会喜欢我所做的一切东西”。

9.3 微视频+电商：营销最佳“合伙人”

对于电商来说，能与微视频“合伙”，对于营销无疑是锦上添花。微视频通过丰富多彩的场景化展示，将故事情景转化为消费场景，营造出环境和氛围以及打造出扣人心弦的故事情节，让观众在观看时获得一种视觉享受和情感共振，不断引起消费者的共鸣，以此来激发消费者的购买欲。除此之外，微视频另一大营销优势是能够将消费行为转变为一种富有仪式感的行为，将之神圣化。

电商品牌对于微视频的需求

电商品牌要想与微视频合伙，首先要了解自己对于微视频有哪些需求，从而确定是否与微视频“合伙”。归纳起来，电商品牌对微视频的需求主要有以下三点：

◎ 赋予商品人文情怀，能够产生情感共鸣

如今，越来越多的电商品牌深切体会到“内容即营销”的真正内涵。真正好的内容、产品及概念，它与生俱来就自带营销功能。在这个内容时代，电商品牌不仅要拥有一款好商品，还要将更多的内容和故事融入其中，使之富有更多的人文情怀。正所谓晓之以理，动之以情，有了“情感意义”的商品，更能打动用户，让其在茫茫商品中一眼就选中。

图9-5 电商品牌对微视频的三大需求

例如，电商出售茶叶的方法多种多样，简单的图文堆砌是一种；精致的图文排版介绍又是一种；而通过微视频来讲解一段关于茶的故事则是另辟蹊径的营销方式。如今人们时常觉得时间易逝，步履匆忙，很难做到真正的独处。如果茶叶电商能够通过微视频抓住人们这一心理，号召人们“坐下来喝杯茶，让时间慢一点”，则能引起大家的情感共鸣。在这里，茶不再仅仅作为一种出售的商品，更被赋予了人文关怀的意义。

在电商图文时代，很少再有商家将商品的内容直接转发到社交平台上，因为这样会引起消费者的反感。但微视频则能做到这一点，原因在于其脑洞大、制作精良、特别容易引起共鸣，这样的优势自然会获得非比寻常的营销效果。

◎ 充分利用碎片化时间，直接刺激消费者的感官

碎片化消费已经成为人们生活中必不可少的一部分，微视频恰恰能够在很短的时间内营造出恰如其分的消费场景以及情感渗透，令消费者得到一种如临其境的享受，同时一改以往传统电商只有图文的缺憾。

◎ 从“拔草”模式转变为“种草”

纵观原来电商的营销模式，大多采用的是“拔草”模式。所谓“拔草”，就是给消费者提供需要的商品，用户进来的目的就是想购买一个商品，看一下商品详情，再看一下评论，最后决定是否购买，这样一个流程就结束了。这件商品基本上是电商运营者之前就“种好的”的、用户想要的东西。

如果电商和微视频结合，则能从“拔草”转变为“种草”。微视频可以向消费者展示丰富多彩的情景化、故事化，尤其是富有内涵的情节画面，让人们对一件并非必需品的商品产生向往之情，进而产生购买欲，这就是“种草”。在这方面，美食类电商有着天然的优势，美妆类、服装类及生活类电商也具有强大的吸引力。只要设计足够好的切入点，向用户展示其“向往的生活”或者“美好的事物”，就自然能够达到“种草”的效果。

以“淘宝二楼”为例。“淘宝二楼”的《一千零一夜》系列微视频上线，每集包含一个故事内容，其转化效果非常不错。譬如其中的鲅鱼水饺，微视频播出 1 小时后其访问量大大增加，短时间内的销售量与平时商家 2 个月的总销售量相当。人们在这个微视频故事中品尝到的不仅是鲅鱼水饺，更多的是“家的味道”。

电商品牌在利用微视频向消费者“种草”时，其内容可以以用户的视角为切入点，将用户心中的纠结、苦闷、情感、怀旧、想家等作为轴心，将之演绎成一个个有情感共鸣的故事。这样，电商卖家销售的不再是一个单独的商品，更是一种情感的表达，从而唤起用户的购买欲——“啊，和我想的一样，我正好需要这样一件东西！”

电商微视频的分类

综观如今“微视频 + 电商”的合作模式，大致可以分为以下两类。

◎ 商品详情页中的微视频

对于商品详情页中的微视频，电商大品牌商家可以通过请专业机构来为本店商品量身打造，从而围绕商品进行比较直观、立体的微视频制作。因为用户进来的目的很明确，就是购买商品。这时，电商品牌只需利用微视频呈现出商品最好的一面，给用户场景化的画面，让用户产生一种消费仪式感和消费冲动。

对于一些电商小卖家来说，请专业机构制作微视频的成本颇高，所以中小卖家可以自己 DIY，用手机或相机拍摄、制作商品详情页中的微视频。

◎ 传播类微视频

传播类的电商微视频非常看重社交属性。无论是追随热点事件，还是策划性较强的内容，它的目的就是要使起用户产生共鸣，让网友能够自发转发，形成病毒式传播。电商品牌在制作这类微视频之后，可以借助社交媒体，同时配合电商直播，这样就获得了聚合力较强的整体营销效果。

电商微视频营销的要点

制作电商微视频的关键要点包括以下三个方面：

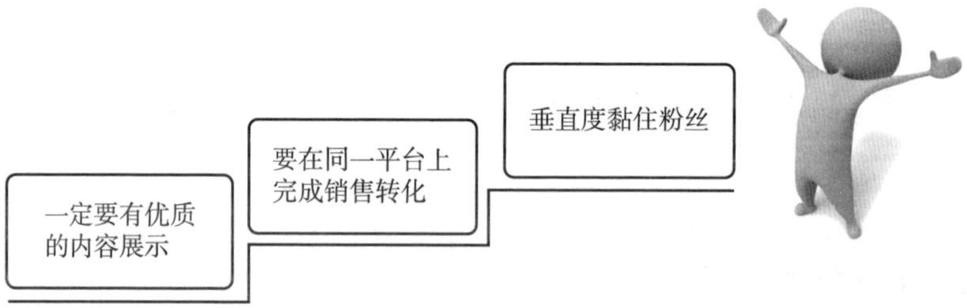

图 9－6 “微视频＋电商”品牌营销的三大要点

◎ 一定要有优质的内容展示

电商品牌尤其需要注意的是，与微视频“合伙”，并不是随便拍一则微视频，放到商品页面就叫“微视频＋电商”。在以前，也有不少电商卖家将简单的产品展示、安装步骤等拍成微视频放到商品详情页，虽说可以起到直观说明的作用，但却不能纳入这里所讲述的微视频营销。

这里所说的“微视频＋电商”，一定是需要展示优质的内容，以及充满创意的立意点和切入点，甚至是适合产品的场景搭建（让用户能够有消费场景的想象），还包括相对专业的后期制作等。

优质的微视频内容需要借助文案、摄影师及后期工作人员等齐心协力共同完成的作品，通过如此复杂烦琐的步骤之后，才能够把商品以更好的方式展现出来。关于这一点，前面已经详细讲述过，此处不再赘述。

除了优质的内容，电商卖家还要确保有持续的优质内容输出的能力，不能够半途而废或者做两期之后就停下来了，坚持才能取得胜利。

◎ 要在同一平台上完成销售转化

“边看边买”的行为已经成为一种时尚，且持续了好几年，这一点在“微视频＋电商”的营销方式里也尤为重要。关键就在于要让你的用户在产生购买欲的同时就能够立即购买商品，而不是需要经过深思熟虑之后才完成购买行为，如此一来，用户的消费冲动可能会在思考的过程中慢慢淡化。

◎ 垂直度黏住粉丝

垂直度高的微视频往往具有较高的商业潜质，这一点对于电商行业也不例外。因为垂直度高的微视频内容锁定了目标用户，针对性更高。对于这一部分用户而言，其对该类型的商品的兴趣更浓厚，如美食、汽车、教育方面的内容等。

“微视频 + 电商”营销的核心之一就是要集中。不能今天做美食类微视频，明天做教育类微视频，后天改成美妆类微视频，这样不仅容易分散目标用户的注意力，同时还会造成用户黏性不强，因此垂直度越高，营销效果就更明显。

9.4 微视频+大数据：向用户精准推送微视频的营销模式

如今，做营销就好像在做一道未知口味的菜，而使用的营销手段就好像不一样的材料和佐料，因为个人喜好不同，做出来的口味也不一样。但是这道菜迟早要端上桌面让大家品尝的，所以，如何在茫茫人海中一眼就认出谁是喜欢这道菜的人，这就要靠大数据的力量了。

“微视频+大数据”的营销优势

数据流化使得营销行动目标明确、可追踪、可衡量、可优化，从而造就了以数据为核心的营销闭环，即消费—数据—营销—效果—消费。

我认为，“微视频+大数据”的营销优势主要表现在两个方面，即数字品牌和效果营销。数字品牌发展的核心就是提高品牌的价值和资产，对品牌进行优化。这里说的数字资产不仅仅是品牌的知名度和口碑，更重要的是品牌和消费共同产生的价值，从而让品牌的各项数据商业化，进行有针对性的宣传营销。

有人觉得，品牌会把提高数据当成日后运营的重点，品牌所有的工作都是围绕着提升数据展开的。毕竟数据的范围那么广，随便运用几个都能带来意想不到的收获。但是在数据时代，一个企业不仅仅是在收集数据，也在制造数据，同时也在影响着数据。如何利用这些数据为自己日后的营销提供更多选择，才是正确的思考方向。

如何做微视频的大数据营销

在精准推送方面，微视频平台仍然需要努力。目前，在用户观看视频的过程中，广告配对得还不够精准。美拍就是根据百度大数据搜索，做到了精准的广告投放。具体来说，微视频进行大数据营销有以下5个要素：

◎ 转变视频模式

传统的微视频主要以搞笑、明星八卦等内容为主，形式单一，内容选择上过于狭隘，实现方式也没有什么花样。但是现在的微视频领域，因为时间有限，所以在内容上应该考虑如何在最短的时间内抓住观众的眼睛，因此，微视频创作者们在视频模式上一定要颠覆以往的惯性，让视频形式越来越多样化。

◎ 在发展初期用数据来指导内容方向

在微视频平台建立初期，还没有具体方向的时候，可以借助数据的指导来确定方向。例如，你面对的人群是一群“吃货”，那么微视频就可以以美食为主要方向，然后再进行具体的数据统计，决定具体的工作该怎么做。在早期，可以根据用户点赞的数量分析用户喜欢什么样的美食视频，根据数据统计进行内容优化。

◎ 通过引导数据的操作来释放稳定的内容生产

微视频发出去就万事大吉了吗？并不是，发布后各个方面的工作也很重要，在这个过程中，可以通过数据引导进行下一步的工作。

◎ 用数据指导发布时间

每个微视频平台都有自己观看量巅峰的时候，如何利用好这个流量巅峰也是个技术活儿。所以，针对不同的平台，我们可以试着手动记录一些数据。

例如，在不同的时间段推送内容，然后通过数据统计哪个时间段的播放和分享次数最多。如秒拍、快手等，可以对平台的数据曲线进行观察，但是像FACEU这样的平台刚刚上线，没有那么多实时数据供其分析。但是点赞的数据恰恰相反，点赞数据通常24小时后不会再变化，但是在一些媒体平台上会出现集中点赞的情况。

例如，头条新闻有好几个发布时段，上午10点、中午12点、下午4点、下午6点、晚上7点等，通过数据分析，晚上发布新闻后的点击率比较高。但是还有一点需要注意，下午6点之后，有一段审核时间，这个时间是无法估计的，一般来说，5—6点发布微视频的审核时间会更快，晚上8点以后会比较长。再如秒拍平台的发布时间一般是中午12点、下午6点、晚上10点左右的阅读量比较好，平台可以根据这些数据，确定自己的具体发布时间。

◎ 用数据选择运营力量的聚焦点

通过数据分析，那些高收藏率、高转发量、高评论的微视频具有以下特点：

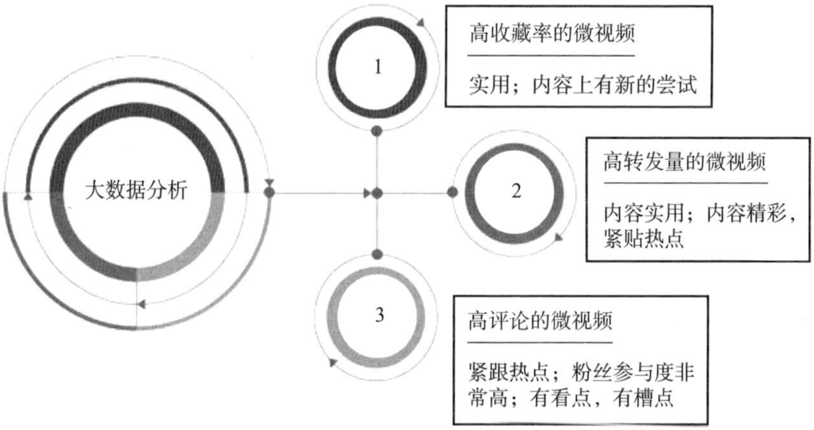

图9－7　大数据分析出的高收藏率、高转发量、高评论微视频的特点

在内容上，我们主要看微视频的平均播放时长和退出率。平均播放时长较高的视频在内容上肯定会很精彩，更加吸引粉丝，如一些搞笑类、八卦类、彩妆类视频。退出率较高的微视频主要分为两种情况，一种是内容太贫乏，让人根本看不下去；另一种就是标题党，视频内容和标题相差太多，让人大失所望。每个平台都有自己的数据统计，通过这些数据了解每一个平台的特点，能够帮助大家更好地展开营销活动。

目前数据整合的瓶颈

虽然“微视频＋大数据”的营销模式可以实现精准向用户推送微视频的效果，但就目前来说，也存在着以下两大数据整合的瓶颈：

◎ 用户反馈不及时、不明确

大部分微视频平台都想让自己的覆盖范围越大越好，或者把不同的媒体资源进行优化重组，但是由于数据来源不一样，很难进行对比。微视频平台的信息极不对称，让企业很难做出决定。除此之外，在通常情况下，微视频平台的数据是交给第三方平台检测的，这也让一些广告投放的前期数据统计和实际效果产生了巨大的反差，因此，很难通过数据表明微视频平台的宣传效果到底如何。

◎ 来自不同终端的数据难以进行整合

除了来源不同的数据很难整合外，在现有的技术条件下，同一个微视频平台，不同终端的数据也很难统计。

随着3C产品的迅猛发展，我们面前的屏幕越来越多，手机屏、电脑屏、平板屏、电视屏等，这些数字产品几乎把我们的业余时间全部承包了，在这样的情况下，人们会根据自己身处的场景选择不同的终端。例如，在上班或上学的路上用手机看，在办公室午休的时候用电脑看，回到家里用平板看。因此，观看终端变得越来越多样化，甚至还会出现跨屏观看的行为，例如，既用手机看，又用电脑看，那这个数据是手机终端还是算电脑终端呢？这就很难界定了。

第 10 章　企业和创业者如何通过微视频做营销

犹如世界上没有两片完全相同的树叶一样，微视频营销的方法也没有一种完全适合所有企业的策略。不同的企业，如电商卖家、快消品企业、传统企业在利用微视频做营销时的侧重点有所不同。除了企业，创业者也可以利用微视频打造自己的个人品牌和销售产品。

10.1 电商卖家如何利用微视频年赚千万

在电商生态圈的高利润增长趋势下，微视频不仅成为各大电商手里的香饽饽，而且不少电商卖家利用微视频实现了销售额的提升，年赚千万不再是梦。

以微视频为传播介质的互动，早已打破了当前社交产品的壁垒，营销方式已经从文字图片一跃到了视频营销。通过微视频，电商卖家实现目的的手段更多。例如，卖童装的电商卖家，借微视频拍摄了“小孩卖童装”，主打亲子营销；有的用魔术结合产品利用微视频做演示；甚至有的网红在淘宝上即时演出微情景剧……相比千篇一律的图片文字，微视频给电商卖家打开了一扇美好的个性化定制窗口，强的不是一星半点。

电商平台营销：微视频之风越吹越大

淘宝无疑是电商微视频营销最有力的推动者，微视频瞬间成为平台上的VIP优待对象。从2017年7月1日零点起，淘系所有商家微视频播放消耗的流量免费。

如今，打开手淘APP可以发现，微视频已经成为手淘首页最为重要的渠道，包括有好货、每日好店、必买清单、爱逛街、生活研究所等，更多渠道也正在逐渐被开挖。即便在店铺的私域流量里，像宝贝头图、详情页、店铺首页、微淘等，微视频也已经占据原来图文内容的地盘成为最佳主角。

手淘推出的“店铺二楼”，开发出新空间的目的就是为了承载品牌脑洞大开的内容，如微视频、VR互动等。从数据看，有了店铺二楼功能后，消费者在店铺的平均停留时长增长了1倍。

京东在微视频营销上，也呈现出了积极进攻之势。2017年“618全民购物节”，京东与百度视频共同携手，创造出一种微视频电商营销新玩法。消费者可以切身体会到人工智能、大数据、微视频在商品推荐、数据服务上的各种应用。

根据实际情况来看，并非仅仅是阿里、京东等电商巨头展开了此次内容电商争夺赛，唯品会、网易考拉海购、网易严选等都逐渐向这方面的内容看齐，甚至有不少APP为其另设一个频道，内容不再局限于图文资讯、短视频、直播等内容，从而打造以内容为基础的产品销售之路。

怎样的微视频更能引发用户“买买买”

各大电商平台都在大力推广微视频，这无疑证实了微视频对推动营销发挥了巨大的作用。微视频类内容能够大大增加用户停留时长，以及潜在提升转化率等，这些方面的效果尤为显著，特别是美妆、玩具、厨具、家居等需要充分展示使用场景的行业，更是发展得如鱼得水。

那么，电商卖家要如何利用微视频，才更能打动用户？

◎ 讲述真实的故事，更容易被记住

从大量调研报告中得到的结论就是，对消费者购买决策所起作用最为关键的就是亲朋好友的推荐以及用户评论，他们几乎是第一位因素。消费者在决定购买之前最想了解的就是使用过该产品的用户对该产品最真实的想法和评价。

微视频制作公司二更在为品牌制作微视频时，总结出一个“三真”原理：

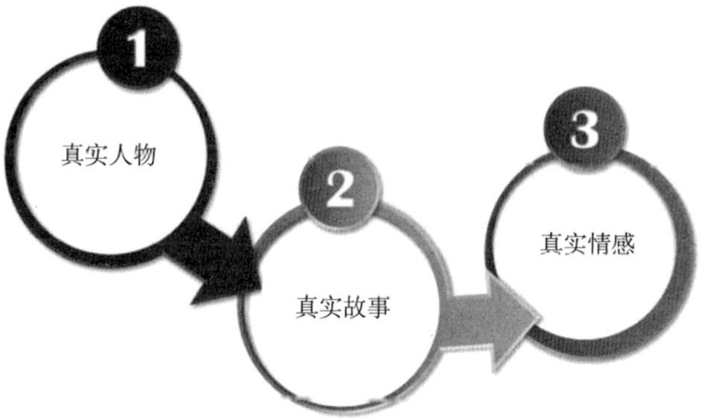

图 10－1　制作品牌微视频的“三真”原理

事实上，这“三真”原理，就是电商卖家要通过微视频为用户讲述一个真实的、有情感的故事。因为这样的故事，更能被用户记住，并得到传播。

◎ 竖视频，更亲密的交互方式

相较于横视频而言，垂直化的竖视频给人的观看感受更加具有带入感，人们更能沉入其中。重塑叙事方式充分调动受众的情感，不仅使视频人物更加凸显出来，而且能够拉近与观众之间的距离，缩短距离感，令人更加身临其境。

Snapchat 报告显示，全屏竖屏微视频广告的播放完成率比横屏视频广告高 9 倍，公司的内部研究还表明，与同类平台相比，垂直视频广告的视觉注

意力要高出 2 倍。

◎ 场景化与片段化，更能刺激销量

微视频对于电商卖家最大的优势在于场景化和片段化。

关于场景化，在上面的章节已经介绍过，电商卖家要实现场景化，在拍摄商品时，要还原它的使用场景；关于片段化，并不是在短时间内把产品所有的功能通过微视频全部体现出来，而是在有效的时间内给消费者最有价值的信息。只有做好这两点，才能刺激用户，实现成功营销。

最后值得电商卖家注意的是，微视频的点击量并非是唯一的关注点，电商卖家要更加关注微视频是否被用户看完，以及微视频的二次回放、引导进店等环节。

10.2 微视频如何帮助快消品企业摆脱营销之殇

所谓快消品行业，就是对快速消费品行业的简称。快消品行业贴近日常人们的生活，消费群体非常大，市场很庞大。同时这个行业又有着消费周期相对较短、市场更新频率快的特点。所以，快消品行业一直与市场动向保持着相当紧密的联系，稍有一点动静都会有所显现，因而也被称为市场变化的“风向标”。

从2016年开始，一阵增速放缓、利润下降的“风”向快消品行业席卷而来。纵观市场，加多宝的销量暴跌，不少工厂停工；康师傅净利润开始下滑；可口可乐中国的市场业绩也跌入了低谷……与此同时，在营销传播领域也发生了翻天覆地的变化，微博、微信的浪潮刚刚过去，以微视频和直播为主的大浪接棒前行，并玩得风生水起。

我认为，快消品知名企业同时出现营销下滑绝非偶然，这与激烈的市场竞争环境有关，也与当下传播环境的巨变有关——面对资讯泛滥、信息日趋碎片化的时代，人们的认知也在迅速发生变化，产品力、品牌力原本就旗鼓相当的快消品市场，竞争将会越来越激烈，快消品牌的营销也变得不再那么简单了。

对快消品企业而言，一边是市场业绩的不断下滑，一边是传播营销领域的不断升级，身处变革旋涡的快消品企业只有在营销中不断“应时”“从新”，才能吸引那些已经对传统广告和优惠活动失去兴趣的年轻消费者。

伴随已经到来的变革，出现了两种现象：一方面，不少快消品大牌顺时改变，融入互联网的浪潮中；另一方面，新的网络营销环境里诞生出具有时代标记的独特快消新品牌。

例如，小茗同学、良品铺子、三只松鼠就是在此时火起来的。这些新生品牌成功地进入消费者的购物清单，它们都有一个共同的特点，即基于互联网领域的内容营销模式。

以统一的小茗同学为例。这是统一在 2015 年 3 月推出的子品牌饮料新品。小茗同学在短短几个月时间里，一跃成为统一甚至是饮料市场的销售之王，深深吸引了“95 后”的年轻市场。小茗同学独特的品牌定位以及营销方式，是它取得惊人成绩的原因。

小茗同学从诞生之时起，就呈现出年轻化的形象，在产品包装和口感上更符合年轻人的品位，产品包装非常鲜明生动，与其他品牌的“茶”产品有明显的不同。在品牌营销上，小茗同学选择用“年轻化”的方式来体现互联网精神。2017 年 6 月，小茗同学一口气在 4 地包下 7 辆地铁，用地铁直播、派发口袋漫画书等年轻人喜闻乐见的方式，以“漫画瓶来袭，红包来集”的活动，再度吸引住年轻消费者的眼球，成为快消品在当下进行年轻化内容营销的典范。

除了小茗同学，江小白、良品铺子、三只松鼠等快消品牌也纷纷瞄准了年轻消费者市场，各显所长，依靠互联网优势，各自打出了自己的品牌精神。

市场打开了，新的营销问题也将随之出现。

在互联网普及的今天，传播信息有过度泛滥之虞，如果品牌放弃了对自身产品、传播目标的详尽考虑，一味跟风在互联网上投放广告，很容易陷入信息多元化、碎片化的旋涡中。而快销品牌的成功营销不只是单纯地打出品牌名气，更多的要看信息接收量和转化量。这时企业就迫切地需要寻找一个新的传播载体，一个可以实现线上线下互动的营销途径，并使其成为场景交易的突破口，真正实现营销即销售。

在短短 10 年之间，作为内容营销承载者的社交媒体经历了许多变化，从微博、微信、朋友圈，到现在的视频社交时代。目前，最火、最吸引人的自然是微视频，所以微视频也成为快消品行业营销的重要手段。

微视频对快消品行业的营销帮助

微视频对快消品行业营销有着巨大的帮助，这是我通过跟踪分析大量数据和实践案例最终得出的结论。下面从以下 4 个方面具体分析微视频营销对快消品行业的帮助。

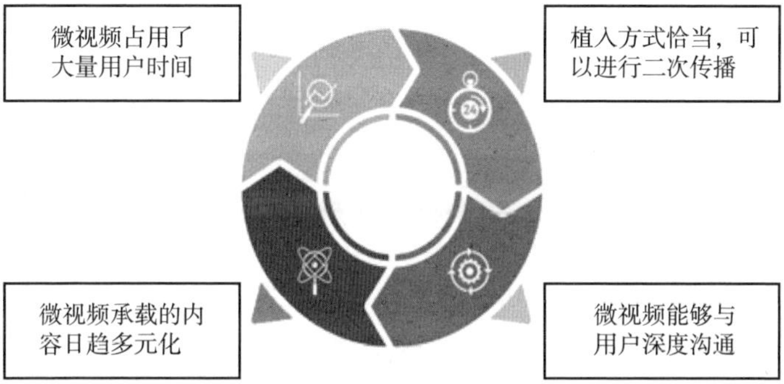

图 10－2 利用微视频营销对消费品行业的作用

微视频占用了大量用户时间

2017 年，微视频用户人均单日启动平台次数高达 8 次左右，平均单日登录微视频平台时长达 40 分钟。这表示微视频已日渐占据了人们的碎片时间。

微视频深受年轻人的喜爱，是吸引“95 后”与“00 后”注意力最重要的方式。调查显示，这个年龄段的消费者对冗长沉闷的内容毫无兴趣，更青睐快餐式的微视频。这个年龄阶段用户的价值取向、文化认同、消费倾向将会左右未来消费文化的走向。他们对微视频的喜爱恰好证明了微视频在营销中的巨大优势。

微视频承载的内容日趋多元化

每个 UGC 都有着与别人不同的独特个性，因而他们的粉丝也具有不同的特点。快消品在宣传时要找到合适的 UGC 且“密集”投放，这样才能获得成功，为消费者带来与众不同的感受。例如，美食 UGC 大胃王密子君就曾经拍过统一藤椒泡面推广微视频，在微视频中，她一口气吃掉了 10 桶泡面，而观众在观看微视频时，很自然地接受了植入产品的相关信息。这个微视频非常成功地带动了网上这款方便面的销售，在许多网购网站这款方便面的评论里，经常看到网友评论说，正是因为大胃王密子君的微视频，他们才想要购买这款方便面。

由此可见，将传播场景转化为销售入口正是微视频的强项，也是解决快消品行业营销问题的关键。

◎ 微视频能够与用户深度沟通

在互联网标签化越来越明显的今天，不同的视频自媒体（UGC）之下，往往聚有同样标签的粉丝，找到适合快消品企业的 UGC，就是找到目标用户，以及有效的沟通渠道，这样才能快速提升品牌的认知，建立消费者对品牌的信任。

微视频同时也是一种新的社交方式，对于拥有庞大粉丝群体的 UGC 而言，其背后的粉丝团体恰好是一个爱好、价值取向都相同的精准社区。这样，在群体沟通时更容易产生共鸣，激发深度沟通，对快消品品牌来说，这样更容易准确地触动消费者心弦。

◎ 植入方式恰当，可以进行二次传播

饮料食品类的快消品素来偏爱娱乐营销。植入、冠名综艺影视是快消品营销中经常采用的传统营销手段。但是，投放综艺影视具有极大的局限性，因为影视综艺的传播能力局限于电视电影屏幕里，而且同项目品牌里如果植入广告过多，不仅容易引起混乱，也极容易被消费者遗忘。例如，热播剧《欢乐颂 2》在广泛植入品牌上就存在这样的问题。

把商品植入微视频则不一样。微视频的创作具有形式自由、内容丰富的

特点，快消品企业完全可以剪辑微视频素材，进行二次曝光、八卦评论、拍摄花絮等多种手段和形式同时在多个社交渠道进行传播。内容力与渠道力双重爆发，恰好满足了微视频的传播效果。

除了与传统视频一样的传播优势，微视频还具有精准定向、数字挖掘、平台转换等优势。有了这些，快消品企业进行更精准的定向传播不再是梦想。同时，通过后台系统，快消品企业可以进一步分析广告投放，调整和优化营销方案。

快消品企业如何利用微视频做营销

既然微视频能解决快消品企业的诸多营销问题，那么，快消品企业要如何运用微视频做营销呢？

创意营销与差异化营销

求新立异是微视频赖以存在和点燃热度的基础，只有会创新的微视频才能持续不断地吸引更多消费者的关注。这也是许多快消品牌之所以选择微视频作为新营销渠道的原因，希望借助微视频形式做出一些别具特色的创意营销。目前微视频营销模式主要有：贴片广告、视频短片定制或植入（微电影）、创新类视频广告（暂停、悬浮等）、打造品牌专区及主题活动等。

安利种草

这是最为常见的微视频营销手法，例如，微播易针对快消品牌，推出了“明星同款种草”“开箱 & 晒单种草”“多款好物推荐”三种形式。其中最吸引消费者的是“明星同款种草”模式，一般是让明星亲自上阵展示自己使用的各种情形，或者由第三方八卦来深度揭示明星同款的情况。这些都是借助明星的影响力来吸引用户，促成最终转化。例如，微播易曾邀请柳岩为红糖姜茶向粉丝种草，相比较传统的广告，明星用微视频直接推荐，粉丝会觉得与产品和明星之间没有距离感，产品卖点会更加显眼。

◎ 产品测评

快消产品与人们日常生活息息相关，体积较小，属于轻消费产品，因此非常适合使用产品测评的方式来推广。对此，微播易平台上有达人测评、创意测评、实验测评三种方式。其中创意测评与实验测评更容易获得消费者的信任。

以实验测评为例，我们可以进行不同的对比实验，从而表现出产品的优势，促使消费者下单。例如，帮宝适曾经做过产品吸收速度、吸水能力和干爽能力的测试，通过微视频帮宝适的优势显而易见，这大大增强了用户的信任感，提高了有效转化率。

而幸福阳光纸巾，为了“无添加”的产品卖点选择了创意评测的方式，通过直播百名网红喝纸巾水的方式，突出展示了纸巾安全健康无添加的产品优势，引起消费者的广泛关注，幸福阳光一炮而红，同时吸引了不少粉丝下单购买。

◎ 事件营销

事件营销的主要方式有：利用微视频话题来制造事件，利用明星的影响力来打造事件，组织大规模线下活动引发轰动效应等。

某糖果品牌曾经拍过一支看似简单的吃糖舞蹈的广告微视频，70 多个网红在不同场景中具有创意地演绎表演，吸引了无数粉丝前来围观，这则微视频全网累计播放量达到3000 万，对品牌的曝光和转化起到了助推作用。

◎ 提升品牌影响力

每个企业都希望做到营销最高境界：不需要介绍产品，更不用自卖自夸产品的种种好处，用户自然会疯狂地爱上你——这才是一个品牌最想拥有的力量。所以，快消品企业要明白的是：直接售卖产品并不是微视频进行营销的主要目的，企业最重要的目的是树立品牌形象，充分利用微视频的巨大黏性，吸引更多的消费者加入自己的粉丝队伍中。

10.3 传统企业如何搭上微视频营销这趟车

传统企业包括产品型企业和服务型企业，如医疗、教育、金融、餐饮、旅游等许多领域，范围非常之广。就目前来说，微视频在传统企业的领域里还处于初级阶段。

微视频的火燃烧起来之后，许多传统企业纷纷通过美拍、微视、秒拍等视频账号，向消费者发布服务信息，与消费者互动，提升服务质量。消费者则通过企业微视频账号查询预订服务，提供意见和建议，与企业互动。如途牛旅游网、去哪儿等旅游型企业早已开始布局微视频营销。

例如，途牛旅游网与林志颖合作携手在美拍发起“林志颖与粉丝嗨游欧洲”的活动，此后三天，每天发布一条微视频，林志颖亲自上阵与粉丝互动，一时间吸引了众多粉丝围观，互动聊天超过 3000 次。

虽然传统企业已经开始布局微视频营销，但并不是所有的传统企业都已经加入了微视频的营销阵营。最早吃螃蟹的企业，如途牛旅游网已经开始从中获利了，他们无一不是收获了大批粉丝，并且利用微视频营销，大大加强了粉丝的黏性。微视频在消费者和服务型企业中间搭起了一座稳固的桥梁，从中产生了大量购买行为，也巧妙地解决了买、卖两者之间信息不对称的问题。透过微视频，消费者极其方便地获得了生活出行、休闲玩乐等方面的服务信息，从而可以享受更优质的生活服务。

传统企业做微视频营销的五大要素

细分定位

产品型企业的中心就是产品，没有产品他们拿什么挣钱呢？由于产品的固定成本很高，因此企业只能增加产品数量，这样才能实现盈利。这就是为什么每一个传统企业都显得特别霸道，不占据三五个领域不罢休，用户要什么，他们就生产什么。

但是，既然企业决定选择进行微视频营销，就不能把产品放在首位了，而是要先定位。简单来说，就是要从所有的产品中选择一款卖得最好，用户最多，最受欢迎的，单独宣传，待这款核心产品站稳脚跟后，再继续宣传第二个、第三个，而不是今天录这个产品，明天拍那个产品，这是微视频营销最大的忌讳。

例如，某企业一共有 5 款产品，横跨 3 个行业，这家企业只能从这些产品中选择一个自己最擅长、消费者最喜欢的做微视频营销，剩下的只能暂缓。那么选择产品有什么窍门吗？一般来说，有以下三个标准：

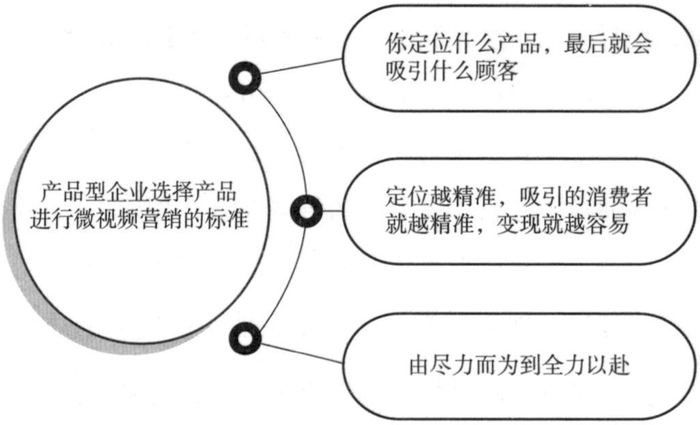

◎ 专业服务展示

对于服务型企业来说，主要目的就是为自己的客户提供高质量的服务。如果服务型企业可以在微视频账号上定时加推服务相关的专业微视频，无疑更能凸显自身的价值。消费者在观看学习知识的同时，自然会由衷地相信服务企业。以银行为例，做微视频营销非常重要的一个目的是提升服务质量，可以利用微视频为用户扩宽服务项目，提高服务水平。

◎ 策划让全民都可以参与其中的活动

如果生产化妆品的企业要策划一个关于“化妆大赛”的微视频活动，应该如何策划才能吸引消费者？通常的做法是，企业借势某一个热播电视剧或电影，把主题定为“三生三世仿妆大赛”。不可否认，这看起来是一个很好的借机造势的活动。但遗憾的是，对于有些兴致高昂的消费者而言门槛有些高，这样势必会影响活动宣传效果。如果我们能适时地将活动难度降低一些，把主题改为“为你的女朋友化妆”或者“扮丑大赛”，这样一方面活动门槛降低了，另一方面也能将活动做成一场全民参与的狂欢游戏。

◎ 拉拢老客户，减少客户流失

传统企业最关键的环节之一就是维护老顾客的关注度，只有微视频保持新鲜度才会让老客户一直保持关注度。如果传统企业不会打理客户关系，日常不好好维护与客户的关系，即使用户群很大，客户数目多，也有可能会流失。因此，将服务做到极致，使新老客户都满意是每个服务性企业的重中之重。

这时，传统企业可以建立自己的微视频账号，拍摄从企业形象宣传、服务推介到业务预订、支付消费及售后服务的微视频。这样的微视频几乎囊括了所有的经营流程，通过这些实用的微视频资源的推送，让客户体会到企业提供的产品或服务是生活中不可或缺的，可以有效避免客户的流失。

◎ 开展促销活动作为媒介以吸引用户

对于消费者来说，关注某一个产品型企业的微视频账号，其主要原因是可以享受许多优惠。例如，关注某账号在某些购物中有折扣；关注某商场微视频账号就可以参加抽奖兑换礼品……所以，产品型企业在进行微视频营销时，不妨侧重于促销活动的内容。经常发布关于促销的微视频信息，能刺激消费者的购买欲望，同时也会在消费者群里得到广泛的传播，可以满足不同层次消费者的习惯和消费方式。

10.4 创业者如何利用微视频年赚百万

现在很多精彩的微视频都出自个人，相当于微视频行业的“个体户”。如何做一个高人气“个体户”，在本章，我将通过不同的人群分类进行阐述。

大学生

随着移动互联网飞速发展，一大批微视频创作者和自媒体蜂拥而出，而那些紧跟时代脚步的“弄潮儿”——大学生已经开始通过微视频赚钱。他们之中最具代表性的就是“软软其实不太硬”，一个既风趣幽默，又充满正能量的大学生。

“软软”微博上的每一条微视频播放量都能达到几万次，有的甚至能突破几十万次。转评、点赞数量少则几千，多则上十万。那么，“软软”是如何通过微视频实现变现盈利的呢？在前面的内容中，我们讲过两种变现模式，广告和微代言。其实这对于微视频“个体户”来说，同样适用。只要你的粉丝数够多，并且有足够的号召力，自然有企业和品牌找你合作。“软软”也曾在微视频中植入过广告，广告费和厂家协商，一般以粉丝数计算。

当然，对于一个大学生来说，由于涉世未深，人脉有限，各种资源也比较贫乏，做到“软软”这个级别其实是很困难的。但是，大学生可以通过微视频赚钱是肯定的，只要找对了大方向，善于利用身边的资源，同样可以达到目的。

行业精英

对于行业精英人群，有的人发微视频只是因为工作需要罢了，希望通过微视频吸引更多粉丝，让更多的人认识自己，扩大自己的影响力。这类人群发的微视频内容大多数和自己的工作息息相关，如化妆师发一些彩妆视频、化妆品推荐；电竞玩家发一些游戏直播精彩片段；心理医生发一些心理辅导知识等。这些人是如何通过微视频吸粉，和粉丝互动的呢？

就拿化妆师来说，他们通过展示一些化妆技巧，教大家如何化妆，顺便“安利”产品。心理医生会通过讲课的方式，解释一些心理学常见现象，为大家科普一些心理学常识，语言通俗易懂，可以让感兴趣的粉丝马上掌握。这些都是借由“职务之便”发布的视频。暂且把他们称为“行业精英”。

对于行业精英来说，他们发布微视频是为了更好地展开工作，通过微视频的宣传，能够提升自己在本领域的影响力；另外，还能吸粉，自己的收入也能高一些。于是，行业精英也加入了微视频大军，他们利用业余时间拍摄，然后把自己的视频发布到社交网站上，也是把自己的兴趣和工作融合到了一起，更能刺激自己的工作积极性。

才艺达人

微视频对于那些才艺奇人来说，是一个非常好的展示舞台，如跳舞跳得好、魔术变得好、歌唱得好等，都能用微视频来展现。因此，各种各样的才艺达人也成了微视频大军的一分子。

Jason Chen 是一位歌唱达人，通过录制自己唱歌的微视频，先火遍 YouTube，后来火遍微博，开通微博后，粉丝迅速突破百万大关。这些粉丝不仅为他带来了更高的人气，收入也增加了。

魔术看起来不好展示，实际上，也非常适合做成微视频，几秒钟的魔术既神奇，又意犹未尽，这样恰好能吊足粉丝的胃口。以前大家欣赏魔术，要通过电视节目或者去网上专门搜索，但是现在只需要关注几个魔术师的账号就可以了，想看就看。

那么这些才艺达人是如何通过微视频变现盈利的呢？主要有以下两个途径：

（1）付费才艺展示。例如，有的魔术师的粉丝对变魔术非常感兴趣，想学习魔术，魔术师就可以开班教学，教他们变魔术。

（2）对微视频进行悉心运营，有了一定人气积累后，就会有企业年会或者商演找上门，参加一些演出活动挣钱。

创业者，利用微视频打造个人品牌

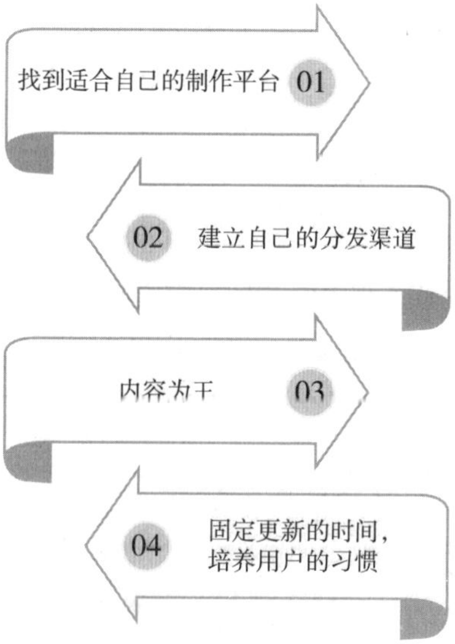

图 10－3　创业者利用微视频打造个人品牌的 4 个要素

找到适合自己的制作平台

在传统的产品营销中，产品要如何展示，视频要怎么拍，后期要怎么剪辑，广告公司掌握了所有的主动权，而且他们的制作周期很长，一言不合就要修改，费用高，沟通困难，不是你嫌我没品位，就是我嫌你态度不好。因此，在过去，中小企业做出一条广告来，可谓经历了九九八十一难。

因此，创业者在做微视频营销的时候，一定要找一个适合自己的平台。

目前，专门提供在线视频制作服务的平台，如传影 DIY，就很适合创业者采用。尤其是传影 DIY 最近上线的营销传播和产品广告片两个新功能，创业者运用起来可以说是得心应手。

这两个新功能包括朋友圈 10 秒微视频、恶搞视频等多个模式的微视频制作，用户可以根据自己的定位，选择适合自己的模板，只需要通过简单的替换图片、文字、背景音乐就行了，操作简单，成本较低。

◎ 建立自己的分发渠道

微视频通过什么渠道发出去，也是创业者需要重点关心的环节。除了朋友圈 10 秒钟微视频，还可以建立属于自己的平台、微博、公众号，或者其他的选择，并且这些平台可以互通、互动。

◎ 内容为王

对于所有微视频从业者来说，想要持续保持竞争力，优质的内容才是王道。优质的内容必须要有鲜明的个人特色。所谓个性化一般有三个特点：有意思、有情绪、有内容。

例如，2016 年底红遍各大社交平台的“蓝瘦香菇”，就传统 PGC 来看，这个视频没有技术含量，也没有什么特别有意义的内容，但是却非常有意思，特别是男主角一口纯正的“广谱”，为广大微视频立下了一个“个性化”的标准案例。这段视频火了，男主角也火了，微博粉丝突破 30 万。

美拍视频达人刘阳 Cary 曾经在美拍大学线下活动中分享了自己的微视频拍摄经验，他说：“视频一定要精美，时间虽短，但是内容一定要精准，节奏要快，把微视频的优势最大限度地发挥出来。真正挣到钱的人，往往是那些初心不变，一心只想做好视频的人。”

最后一点，也是最重要的一点，就是坚持。正如喜剧大师卓别林所说：“时间是一个伟大的作者，它会给每个人写出完美的结局来。”你能否成功，时间会告诉你答案。

◎ 固定更新的时间，培养用户的习惯

在固定的时间发布内容，有助于稳定粉丝关注，粉丝到了一定的时间就会 check 一下你是否更新了内容。例如，papi 酱的微视频，在每个视频的片头都会出现“papi 酱的周一放送”，那么粉丝们自然每个周一都会去看看推送，这样与粉丝的关系也拉近了很多。能不能固定发布，完全取决于个人能力。

微视频营销有一个完整的闭环，就是“内容 + 输出 + 互动”，这也是创业者把握好互联网风口的最大机会。